小学校国語科

# ICT&
# 1人1台
# 端末
# を活用した
# 言語活動
## パーフェクトガイド

水戸部 修治 編著

明治図書

JN041893

# Preface　まえがき

　教育への ICT 導入は，諸外国に比べて遅れを取っていると言われてきました。しかしコロナ禍を通してその状況は一変しています。例えば大学では，授業がオンラインで行われることが当たり前となり，そのための遠隔同時双方向通信のアプリケーションの使用が日常的なものとなりました。こうしたことと連動して，例えば授業研究では，遠隔地の学校の先生方と事前の指導案検討を行う際，授業の動画を用いて具体のイメージを共有したり，時には相手の表情を確認して理解度を推測しながら検討を進めたり，リアルタイムに質問を受けたりしながら繰り返し単元構想を吟味し，協働して実践に向かっていくことも可能となりました。同時に，実際に授業を教室で参観してこそ得られる情報が多いことも改めて実感させられます。ICT の可能性と限界，そしてその特性を踏まえた活用の仕方を工夫することで，これまでにはできなかったことも効果的に実現できるようになってきたと言えるでしょう。

　またその一方で，ICT 導入のハード面での困難さに加えて ICT を活用できる教師が限られていたり，反対に ICT を用いること自体が目的化したりして，指導のねらいの実現に結び付かないといった状況も指摘され始めています。

　本書では，こうした ICT を「言語活動を通して資質・能力の育成を目指す」という国語科の本質的な授業づくりに生かすことができるよう，その基本的な考え方や留意点を整理することを意図しました。また，指導のねらいをよりよく実現する言語活動を軸に据えた国語科の学習指導において，ICT を活用する具体の場面を多彩に提示することで，多くの読者の皆様の授業実践の際の参考にしていただきたいと考えています。

　ICT を活用した言語活動を通した国語科学習指導の構想と実践に当たっては，ICT を使用すること自体が目的とならないよう留意しつつ，国語科の授業改善を絶えず進めていくことが必要です。また同時に，日進月歩の ICT を活用することが，国語科学習指導の技術革新を普及させ，従来なかなか変えられなかった授業づくりを大きく変えていく原動力にもなります。

　最後になりましたが，本書の刊行に当たっては，優れた事例をご提供いただきました全国の執筆者の皆様はじめ多くの方々にご尽力をいただきました。ここに篤く御礼を申し上げ，編著者前書きといたします。

2021年8月　　　　　　　　　　　　　　　　　京都女子大学教授　水戸部修治

# Contents もくじ

ＩＣＴ：iPad　ロイロノート・スクール　テレビ（大型スクリーン）
教材名：「小学校のことをしょうかいしよう」（東京書籍1年）

# Chapter 1

国語科
ICT &
１人１台端末を
活用した
言語活動の
基礎・基本

# 1 授業づくりの概念のシフトチェンジ

## 1 日常が変わるということ

　現在，世界はコロナ禍に見舞われています。これまで当たり前だと思われてきたことであっても変えることを余儀なくされ，「新しい日常」といった概念も生まれてきました。失われたことも数多くありますが，新たな方法が生み出されたり，価値が見直されたりしたことも多くあります。その一つには，ICT活用の一層の加速が挙げられるでしょう。例えばテレワークがより広く普及したり，テレビのコメンテーターがスタジオからではなく自宅などからコメントすることが一般的になったりするなど，これまで対面であるいはその場に集って行うことが当然とされてきたことが，遠隔でも違和感なく行われるようになってきています。また研修会や会議もオンライン化によってむしろ移動の負担がなくなり，活発に行われるようになってきたとも言えるでしょう。これまでに経験のない事態に直面することによって，私たちは対面でなくてもできることが分かってきたり，反対にやはり対面でしかできないことも実感されたりすることとなっています。すなわちICTの一層の普及は，通信技術の普及進展という側面に加えて，これまであまり検討の余地なく行ってきたことの意味を問い直したり，ゼロベースで再検討したり，更には代替案や具体策を創り上げたりするといった，我々の価値観やものの見方・考え方にも大きな影響を及ぼしていると言えるのではないでしょうか。

## 2 「子供が学ぶ」視点を重視した授業づくり

　教育の場においても，これまでなかなか変わらなかったことが，この機に大きく変わったことが数多くあります。ICTの活用促進という点で言えば，例えば子供たち一人一人の学習状況が瞬時に画面上に反映されたり，それらを子供同士で共有したりすることが可能となっています。また学ぶ対象や方法を子供自身が選んで学習を進めることも可能です。更にはそうした実践の工夫を広く学校間等で共有するシステムも導入され始めています。

　子供主体の学びを重視した授業づくりや個に応じた指導の重要性は，従来から多くの方々に共通理解されてきました。しかしそのための具体の方法がなかなかイメージできない，従来の指導方法と異なるために取組の改善に躊躇する，更には準備に時間を要するなどの理由から，結果的には一斉指導中心で「教師が何を教えるか」という視点でのみ授業づくりが進められてきたという状況も見られてきました。また，例えば子供たち一人一人が学習対象や方法を選択して学習を進めるような指導の在り方は，一部の実践者だけが取り組めるものという認識にとどまってきた状況も見られました。

ICT の活用によって，子供たち一人一人の学びが一層目に見えるものとなり，個に応じた指導がより簡便にできるようになっています。経験の少ない若手教師でも，ICT を使いこなすことで熟練の教師と同等，あるいはそれ以上に個に応じた指導を展開することができるといった状況も多く見られています。コロナ禍という困難な局面ではありますが，「教師が何を教えるか」という視点にとどまらず，「子供が何をどのように学ぶのか」という視点から授業づくりを具体化するためにも，逆境をバネに改革の好機と捉えていきたいものです。

## 3 「個別最適な学び」の実現を目指す授業づくりと ICT の活用

中央教育審議会の「『令和の日本型学校教育』の構築を目指して～全ての子供たちの可能性を引き出す，個別最適な学びと，協働的な学びの実現～（答申）」（令和３年１月）においては，子供たちの多様化が進む中で「個別最適な学び」とその重要性について，次のように述べています。

　子供一人一人の特性や学習進度，学習到達度等に応じ，指導方法・教材や学習時間等の柔軟な提供・設定を行うことなどの「指導の個別化」が必要である。（中略）子供一人一人に応じた学習活動や学習課題に取り組む機会を提供することで，子供自身が学習が最適となるよう調整する「学習の個性化」も必要である。
　以上の「指導の個別化」と「学習の個性化」を教師視点から整理した概念が「個に応じた指導」であり，この「個に応じた指導」を学習者視点から整理した概念が「個別最適な学び」である。（中略）「個別最適な学び」が「孤立した学び」に陥らないよう，（中略）「協働的な学び」を充実することも重要である。

眼前の子供の現状を踏まえると，教室の全員が，同じ教材で同じペースで，同じ正解を目指す学習指導だけでは十分ではないという実感をもつ実践者も多くいらっしゃることでしょう。ある手立てを取ればすぐにも全員が主体的に，そして深く学べるということを前提にするのではなく，あの手この手で様々な子供たちの実態や実情に応じた指導の在り方を工夫することが一層重要になってきていると言えるでしょう。

例えば上掲の答申が指摘する，「子供一人一人に応じた学習活動や学習課題に取り組む機会を提供する」といったことも，これまでは手間ひまをかけて準備する必要があったわけですが，ICT の活用によって，より簡便にかつ日常的に行えるようになってきています。また子供たちが協働的に学ぶための機能も多彩に提供されてきています。

一見すると課題の多い子供であっても，その姿をつぶさに見つめれば，多様な手立ての中で何かしらその子供にぴったり合う学習指導に出合うことによって，子供の姿が大きく変わる瞬間が見えてきます。ICT は子供一人一人の実現状況を顕在化させるとともに，個別最適な学びや協働的な学びの実現に大きく寄与するものとなるでしょう。

# 2 質の高い言語活動を位置付けた国語科の授業構想

## 1　国語科の基本的な特徴

　ここで改めて，国語科がもつ基本的な特徴を確認していきましょう。平成29年告示の「小学校学習指導要領」の「第２章第１節　国語」の「１　目標」には国語科の教科目標として，その冒頭に以下のように示されています。

　言葉による見方・考え方を働かせ，言語活動を通して，国語で正確に理解し適切に表現する資質・能力を次のとおり育成することを目指す。

　これは，小学校，中学校ともに同じ文言で，また高等学校でも構造としては同様に示されているものです。すなわち国語科は，国語の資質・能力を，言語活動を通して育成する教科であることが教科目標に端的に示されているのです。

　より具体的には，育成を目指す資質・能力として示された学習指導要領の指導事項等を，言語活動を通して指導することが国語科の基本的な枠組であると言えるでしょう。そのため国語科の授業づくりでは，当該単元で取り上げて指導する指導事項等は何か，その指導事項等を指導するためにふさわしい言語活動は何か，この２点を明らかにすることが重要になります。

　そしてこれに「子供がどう学ぶのか」という視点を有機的に加えることで，子供たちのための国語科の授業改善を進めることが可能になっていきます。こうした基本的な枠組を踏まえることで，「教材を教える」という狭い視点に陥ることなく授業構想を進めやすくなるのです。

## 2　「言葉による見方・考え方を働かせ」る学びとは

　続いて教科目標にある「言葉による見方・考え方を働かせ」る授業づくりについて考えてみましょう。この「言葉による見方・考え方を働かせ」るとは，子供自身が言葉を自覚的に認識することなど，言語に対する積極的な意識だと捉えることが可能です。あくまでも「見方・考え方を働かせ」るのは子供たちですから，子供の意識とは無関係に教師が着目させたい言葉を指導の意図通りに理解させるということとは少し違います。こうしたことを前提にすると，子供自身が「この思いをこんな言葉で表現すればしっくりくる」，「私はこの言葉に着目して文章から必要な情報を見付ける」などの主体的な意識を引き出す授業を目指すこととなります。

　その際，「私はこの言葉に着目する」といった姿は，高学年のいわゆる上位の子供たちなら想定しやすいのですが，低学年の子供たちや国語が苦手な子供たちに対しては具体の姿をイメージしにくいかもしれません。例えば低学年の子供たちが物語に対して「言葉による見方・考え方を働かせ」て読む姿，すなわち子供自身が言葉に着目して読む姿としては，「私のお気に

入りの場面はここ」,「この登場人物のこの言葉が大好き」といったことが思い描けるのではないでしょうか。こうした意識を強くもてばもつほど,場面の様子に着目したり,登場人物の行動を具体的に想像したりするといった読む能力をよりよく身に付けることができるわけです。

## 3 質の高い言語活動を構成する要件

　子供たちが言葉に自ら着目し,国語の資質・能力を身に付けていく上では,言語活動が極めて重要なものとなります。言語活動の質が授業の成否を左右すると言っても過言ではありません。そのため国語科の授業づくりにおいては,慎重かつ緻密に言語活動を構想することが求められます。では質の高い言語活動の要件としてどのようなことが挙げられるでしょうか。

　まず大前提として,指導のねらいを実現するためにふさわしい言語活動であることが重要です。「活動あって学びなしではいけない」とはよく言われてきたことですが,安易に言語活動なしの教え込みの指導に戻れば学びが生まれるわけではありません。活動あって学びなしになってしまうのは,活動を重視していることに原因があるのではなく,元々の指導のねらいがあいまいであること,そして言語活動の吟味が不十分であることがその要因となっています。

　こうした課題を克服するためには,単元で身に付けたい力を,教師のみならず子供も必然性をもって自覚できるものとなるようにすることが大切です。例えば中学年の〔思考力,判断力,表現力等〕「C読むこと」の指導事項には次のようなものがあります。

> エ　登場人物の気持ちの変化や性格,情景について,場面の移り変わりと結び付けて具体的に想像すること。

　この指導事項について,特に「登場人物の気持ちの変化」を具体的に想像することを重点的に指導する際,子供たちに「この学習では人物の気持ちの変化のつかみ方を学ぼう」などと指示することがあります。しかしそれだけでは,どの子もそのことを自分自身の学びのめあてとして実感をもって受け止められるわけではないでしょう。その結果,上位の子中心の授業展開になってしまうこともしばしば見られます。またこの指導事項はあくまでも〔思考力,判断力,表現力等〕の指導事項ですから,教師が指定した気持ちの変化を言い当てさせればよいわけではありません。ストーリー展開の中で絶えず揺れ動いて描かれる人物の気持ちの変化について,子供自身がどのような変化に着目するかを思考・判断することを求めるものです。そのため,言語活動は工夫せず「中心人物の気持ちが変わったところはどこだろう」などと発問しても,それを考える必然性や判断の妥当性を認識できない子供が出てしまい,十分とは言えません。

　そこで言語活動を工夫することが肝要になります。例えば「物語の心に残るところについて,登場人物の気持ちの変化を手掛かりに,理由をはっきりさせて紹介し合おう」といった言語活動により,どの子も必然性をもって「登場人物の気持ちの変化を具体的に想像」できるようにすることを目指していくわけです。

# 3 国語科授業への ICT 導入の目的とメリット

## 1 国語科授業構想のスタンスが変わる

### ①旧来の指導の在り方を変えることを前提とした授業構想の促進

　急速に進化し続ける ICT を学習指導に取り入れることは，これまでの指導の在り方を何らかの形で変えることを意味します。子供たちの主体的な学びを求めるという方向性はもちつつも，教科書教材について教師が発問と指示で授業を進めるといった指導の在り方をなかなか変えられなかったという状況も見られた国語科の学習指導が，ICT 導入を契機に大きく変わっていくことが期待されます。ICT は万能ではもちろんありませんが，指導の在り方をよりよく変えていこうという取組を促進する大きな原動力になりうるものでしょう。

### ②国語科としての本質的なねらいの吟味

　国語科においては ICT もまた，学習や指導の方法です。方法を効果的に使いこなすためには，その目的に応じた使い方が大切になります。その際，改めて国語科として付けたい力は何か，ということを確認することとなります。こうした，授業づくりに必須の過程を顕在化させることも ICT 導入のメリットと言えるでしょう。

## 2 言語活動の質を向上させやすくなる

### ①発信・交流対象の広がり

　ICT の導入によって言語活動の幅や選択肢も広がります。従来は教室内でペアやグループで行っていた交流活動を，学級間，あるいは他校の子供たちとの交流に広げることも容易になります。また従来は作成した成果物などを公共施設に持ち運んで地域の方々に読んでいただくといった手間をかけた準備が必要だったものが，学校のウェブサイトにアップして閲覧していただくことなどにより，一層広くかつ簡便に発信することも可能になります。

### ②交流の質的な深まり

　交流の幅が広がることに加えて，質的な深まりも大いに期待できます。具体的には，学級内のそれぞれの子供たちの反応が相互に一目で分かるようにディスプレイ上で共有するといった機能を活用することで，「自分とは異なる考えの友達と交流したい」，「自分と同じ考えをもっている友達と交流して，そう考えた理由を聞いてみたい」などと，子供たち自身がどんな目的で，誰とペア交流するか，グループを組むかといったことを思考・判断することも極めて容易

に実現できるようになります。近年，全文掲示に付箋を貼り，その付箋を手掛かりに交流相手を求めて交流するといった，子供自身が思考・判断できるような指導の工夫が広がってきていますが，デジタル教科書を併用することにより，電子黒板上で，あるいは各自の手元のタブレットでこうしたことが可能になり，より広く手軽に実践できるようになります。

### ③課題追究への利便性の向上

興味をもったことについて調べて報告するといった言語活動を通して指導を行う場合，課題を設定し，情報を収集・整理し，構成を考えて文章化したり報告スピーチにまとめたりして発信するといった一連の過程が想定できます。こうしたそれぞれの過程において，多様なアプリケーションが活用されるようになっています。従来は付箋やカードに書き出して，それらを操作しながら文章化するなどの作業が必要でしたから，そのための準備に時間を要したり，付箋などが散逸してしまったりすることも多くありました。その点ICTの活用によってデータとして保存し，見返したり活用したりすることが非常に容易になってきたと言えるでしょう。

### ④試行錯誤のしやすさ

ICT活用の大きなメリットの一つに，学習を進める際に試行錯誤しやすいという点が挙げられます。文章を推敲する際には特に便利です。手書きであればせっかく書き進めた文章について，大幅に順序を入れ替えて書き直すことはかなり困難でしたが，ワープロソフトを使用すればこうした推敲も容易になります。この他画面上で付箋に書き出した文章や資料を入れ替えるなど，手書きやワークシートを用いる場合に比べて，言語操作が格段にしやすくなります。こうした活用方法は，子供が自分自身の学習のペースに応じ一人一人が学習計画を考えて学習を進めるなどの指導の工夫と連動させることで更に効果が高まります。

## 3 子供の個々の状況を把握しやすくなる

前項までに述べてきたように学習の個別化や個性化，交流の複雑化が進む状況では，子供たちの見取りは非常に難しくかつ重要なものとなります。しかしICTはむしろそうした状況下でこそ力を発揮します。子供たち一人一人の状況が視覚的にも把握しやすくなることから，集団の概況のみならず，個々の学習状況が鮮明になり，個に応じた指導の手立ても打ちやすくなります。このことは，「教師が何を教えるか」にとどまらず「子供が何を学んでいるか」に意識を向けた授業づくりの推進に寄与します。

また，子供たち一人一人の学習の進捗状況が明確に把握できることから形成的な評価にも役立ちますし，最終的な成果がデータとして蓄積・分析可能なものとなるため，学習評価の総括場面や評価結果の説明の際にも非常に有効に活用することができます。

# 4 国語科授業への ICT 導入の留意点

## 1 指導のねらいに応じた活用が大原則

　国語科の授業づくりを進める上で，どのように指導していくかを判断する重要なよりどころとして，指導のねらいは何か，ということが挙げられます。すなわち単元でどの指導事項等を重点的に指導するかで指導の在り方が規定されることとなります。ICT の活用においても，ICT を使わせること自体が国語科のねらいではありません。国語科のねらいを実現するために ICT を，その手立てとして活用することが大切になります。

　そのため前提として，国語科として何をねらって指導するのかを明確に把握することが必要になります。例えば ICT を活用することで，子供たちがお互いの学習結果を共有し，特定の相手にコメントを書いて送信するといったことがより簡便に行われるようになるわけですが，当然「A話すこと・聞くこと」の話し合うことの指導事項を指導する場合には，あまり適切な指導方法とは言えません。また離れた相手と話し合う場合には，遠隔同時双方向の通信システムの活用は有効ですが，同じ教室内の対面する相手と話し合う際にはやはり不自然です。

　「C読むこと」の共有の指導事項を指導する場合にも，あくまでも「読むこと」における共有の資質・能力の育成を図ることとなりますから，本や文章を共有してやり取りを進めることが基本となります。そのため例えば叙述を具体的に引用しつつ，想像したり解釈したりしたことや感じたこと，考えたことについて何度かやり取りを繰り返すといった学習活動が求められます。ICT を活用する際，こうした指導のねらいとそこから導かれる目指す子供の姿を実現する上で，より効果的な活用の仕方を考えることが重要です。例えば同じ並行読書材を選んだ子供同士で交流する際，学級単独では同じ本を選んだ相手がいなくても，学年オープンでならまとまった人数で交流できるといった場合，学級を超えて同時双方向につながることで共有の能力のより有効な育成を図るといった工夫も考えられるでしょう。

## 2 子供たちが必要とする言語活動場面での効果的な活用を工夫する

　ICT の機能として，魅力的な言語操作のためのツールが多彩に準備されています。しかし指導に当たって活用する際には，そのツールを使わせること自体が目的とならないように留意する必要があります。これらの効果を引き出すには，子供たちが課題の解決に向かって言語活動を行う中で，それらを必要だと実感できるタイミングで活用できるようにすることが大切です。例えば子供たちが自分の興味のあるものについて図鑑で調べて，驚いたことを調査報告文にまとめて発信する言語活動を取り上げて考えてみましょう。

マインドマップのような言語操作のツールは，発想を広げていく際には大変有効です。しかし図鑑を開くことなく，またテーマへの興味を引き出すこともなくまずマップを描かせても十分な効果は得られにくいでしょう。様々に図鑑を見比べて，色々な情報に興味をもち，そこから自分が調べたい対象は何かを明らかにしようとする際に用いるなど，子供たちが学び進める際に必要性を強く感じられるタイミングで用いれば効果が期待できます。また何を発信したいのかについて多面的に検討する際には効果を発揮しますが，子供たちが伝えたいものを明確にもっている場合には，マップを用いる必要性があまり実感できないままになる可能性があります。その際は，目的に応じて発信するために取捨選択した情報を構造化していく，つまり文章の構成を検討するためのツールを用いていく方が必要の度合いは高くなるわけです。

## 3 校内外での指導に関する情報収集や共有を図る

　日進月歩のICTを最大限効果的に活用するためには，指導の在り方も常にアップデートしていくことが必要になります。ICTの中にはサポートページを充実させて多彩な実践事例を蓄積発信しているものもあります。こうした機能を十分に活用することが有効ですが，その場合でもやはり，本来の指導のねらいを十分に踏まえた上で自分自身の指導に取り入れるかどうかを判断することが大切になります。

　またICTの利活用に限ったことではありませんが，玉石混交の多様な情報から適切なものを選択する際，一人では限界がありますので，組織的な取組も一層重要になります。市町村内でのICT機器利用研修会はもとより，校内で日常的に情報交換し，どのような場面でどのように活用すれば子供たちの学びが促進されるのかについて共有していきたいものです。

## 4 セキュリティの確保や情報制御，備品管理等を確実に行う

　ICTの利活用が進めば進むほど，その管理も重要になります。パスワードや画像などの個人情報に関するデータの管理等，セキュリティの確保については組織的な取組が基本となります。またインターネット検索を取り入れる際の情報制御などについても配慮が必要となります。

　実際に運用するに当たっては，タブレット等の備品管理の在り方も課題となります。特に低学年の子供たちも自分で片付けられるような管理方法を工夫するとともに，繰り返し指導して素早く使用したり後片付けをしたりできるようになることもICTの利活用に当たっての大切な指導内容になっていきます。更には，通信などに不具合が起きた場合の対処法やサポートセンター，サポートスタッフ等への連絡についても，導入に当たって手順を明確にしておくことが望まれます。なお，家庭にタブレット等を持ち帰ることも想定している場合は，各家庭との十分な連携も不可欠になります。 　　　　　　　　　　　　　　　　　　　　（水戸部修治）

# Chapter 2

場面別
ICT&
１人１台端末の
活用
バリエーション

# 1　言語活動モデルの提示とその活用のポイント

## 1　単元の導入時の ICT 活用のポイント

### ①言語活動モデルのプレゼンテーション

　子供たちが単元全体を見通して自らの学習を調整しようとしながら学んでいけるようにするためには，単元の導入が極めて重要になります。従来から行われてきた導入として典型的なのは「読むこと」の学習ならば「教材文を通読し，初発の感想を書く」といったものでしょう。こうした導入をつい当然のものとして行いがちです。しかし改めて眼前の子供たちの姿を念頭に置いて，この導入が子供たちにとって必然性のあるものかどうかを考えてみましょう。中には心の中で「なぜその教材文を読むのか」，「初発の感想は何のために書くのか」といった戸惑いを抱く子供がいても不思議ではありません。教師の意を瞬時に汲める子供ばかりではなく，一人一人の子供たちにとって学ぶ必然性を明確に意識できるよう，魅力的な学習のゴールとなる言語活動を設定することが重要になるわけです。

　その際，例えば最終的な成果物を一方的に示して，「こういうものを作ろう」などと指示したとしても，やはり十分ではありません。子供の側から見れば，必要性を感じないままに教材文を読み取らされる学習が，やはり必要性を感じられないままに，成果物を作る学習にとって代わるだけになってしまう可能性があるからです。

　近年工夫されている導入の手立てとしては，教師が子供たちに魅力的な言語活動のモデルを提示するということが挙げられます。例えば単元で「解説スピーチをして，○○のよさを伝える」といった言語活動を行う際，教師がその言語活動の魅力がたっぷりと伝わるように解説して見せるのです。「魅せる」と言ってもよいでしょう。ICT 活用という点ではそれを動画で提示することは考えられます。しかし教室内での学習なら，録画したものを見るよりも，教師が子供たちに対面して演示した方が魅力が伝わりやすい場合が多いでしょう。これに対して「読書交流会をする」といった言語活動の場合は，教師同士が行った読書交流の録画が威力を発揮します。複数の参加者が実際に読書交流を行う様子を具体的に把握することが可能となります。

### ②言語活動モデルの分析

　言語活動を導入で見せることは効果的ではありますが，更により確実に効果を発揮させる指導の工夫があります。子供たちの目に言語活動が魅力的に映ったら，それを何とか自分自身でもやってみたいと思うでしょう。その際に「一体どうすれば自分にもその言語活動を遂行できるのか」という問いが生まれます。そのタイミングを生かして，指導のねらいに結び付く言語活動の特徴を実感をもって子供が把握できるようにするのです。活動ばかりで力が付かないと

いった状況を防ぐコツとして，こうした緻密な指導の手立てが大切です。

　例えば前掲の高学年での「解説スピーチをする」言語活動であれば，同じテーマで「解説スピーチ」と「紹介スピーチ」を聴き比べられるようにするといった指導の工夫があります。紹介は，対象の表面的な特徴が分かっていれば可能ですが，解説するとなると，対象を熟知し表面的な特徴のみならず，例えばその特徴をもつに至った経緯や他のものと比較してどんな点が大きく異なるかを示して固有の特徴を挙げるなど，特徴が際立つように説明することなどが求められます。こうしたことから，紹介スピーチは低学年から言語活動として取り上げられますが，解説スピーチならばより上の学年向きだと言えます。具体的には高学年の「A話すこと・聞くこと」の「ウ　資料を活用するなどして，自分の考えが伝わるように表現を工夫すること。」といった指導事項を確実に指導する上では，どんな種類のスピーチでもよいとしてしまうのではなく，「対象物だけがもつよさがよく伝わる資料を的確に用いて解説するスピーチをする」などと，言語活動の種類やその特徴を明確にすることが肝要です。

　その際，既習の「紹介スピーチ」に対して「解説スピーチ」はどのような特徴があるのかを分析することが，魅力的な言語活動を遂行するための手掛かりになるわけです。この場合は，教師の二つのモデルスピーチを録画したものを，子供一人一人がタブレット上で再生できるようにするといった手立てが効果を発揮します。一斉学習場面ではついつい素早く特徴を捉えた子供の発言のみで学習が進みがちですが，一人一人が必要とする時に何度も自分の納得のいくまで再生し，じっくり見比べて特徴を分析できます。個別最適な学びの具体的な手立てとも言えるでしょう。なお，教師によるモデル提示に加えて，前年度の子供たちの学習成果を画像や動画として記録している場合も，それらを提示することは大変効果的です。

## 2　単元の展開時の ICT 活用のポイント

　言語活動のモデルは，導入時のみに効果を発揮するのではありません。本時の指導のねらいに基づき，1人1台端末で学習の進行に伴って随時再生し，言語活動の特徴やポイントを確認できるようにすることが有効です。その際，導入時と同一のモデルを，見る視点を変えながら繰り返し活用する場合と，提示する内容自体を変えていく場合とがあります。

　前述の「解説スピーチ」を例にすると前者では，導入時はスピーチのイメージをつかむために視聴し，展開時のスピーチのリハーサル段階では，発音や発声，間の取り方，資料の提示のタイミングなどを視点として自分のスピーチの参考にすることが考えられます。

　後者では，スピーチの話題設定や情報収集の段階で，導入時に視聴したモデルスピーチを構成するに当たってどのように情報収集したかについてのモデルを提示することが考えられます。同様に，構成の指導では構成をどのように進めたかなど，最終的なスピーチの姿ばかりではなく，学習過程に沿って言語操作する様子をモデル提示することが効果的です。

# 2 情報発信とそこに向けた学習での活用のポイント

## 1 教室内での ICT 機器を活用した学習指導のポイント

### ①音声言語を中心とした言語活動での活用のポイント

　代表的なものとして，スピーチしている様子をタブレット等で録画し，それを相互に見合うといった活用が考えられます。音声言語を用いるスピーチは，文字言語活動に比べて，何度も繰り返し行うことが容易で，その繰り返しの中で上達していくという特徴があります。そのため，単元の最後に１度だけスピーチし，それを撮影するのではなく，話題が決まった後の情報収集や構成の段階でも，試しに声に出して話してみるといった学習過程を工夫することが有効です。そこで１人１台端末を効果的に活用し，単元の途中途中の，子供たち一人一人が必要性を感じるタイミングで，録画→再生→チェック→修正といったサイクルを繰り返して最終ゴールに向かっていけるような学習過程を工夫します。なお，このサイクルにペアやグループでの検討を加えることで，学びの孤立化を防ぐことができます。

　こうした学習指導を成立させるためには，ICT 機器利用の習熟に加えて，前項のようにゴールの姿を十分見通すこと，単元全体の学習計画を常に意識し，自らの学びを調整しようとすることができるように，各単位時間の学習の見通しを一人一人が自覚的に立てたり，その見通しを振り返って次時の学習のめあてを考えたりできるようにすることなどが大切になります。教師が逐一発問・指示しないと一歩も前に進めないといった状況に陥らないよう，常に学びに対する自覚を促す手立てを着実に講じていくことは，長期間の休校など，不測の事態に対応する学力の基盤を育成することにもつながります。

### ②文字言語を中心とした言語活動での活用のポイント

　スピーチなど，音声言語中心の言語活動とは異なり，文字言語を中心とした言語活動を取り上げた学習指導では，課題設定→情報収集→構成→記述→推敲といった過程が一方通行で進みがちでした。しかし，私たちが文章を書く際には，必ずしもこの手順を順序よく踏むわけではなく，書いてみて更に情報が必要であることが分かって追加取材したり，一通り書いた上で読み返し，読み手を想定して段落を入れ換えたり，あるいは書き進めることで本来発信したい自らの考えが明確になったりするなど，柔軟な文章生成のアプローチを駆使していることが知られています。それにもかかわらず指導が一方通行になりがちなのは，手書きした場合に，書き終えた段階で情報を大幅に差し替えたり構成を変えたりすることが難しいということが大きな要因でした。しかし，１人１台端末でワープロソフトや言語操作の機能を活用することで，本来の自然な文章生成のプロセスを学習に取り入れることが可能になります。

前述の特徴を踏まえると，低学年の段階から系統的に，単元全体を見通しゴールに向かって自分は今日何をどのように学び進めるのかといったことを確かめながら学習できるようにしていくことが重要になります。例えば本時のめあてとしては，「文章の組み立てを考えよう」といった構成に重点を置いたものである場合でも，一律に教師の指示に従わせるのではなく，例えば既に構成を考えている子供は試しにワープロやパワーポイントで書き出してみて，文章がうまくつながる組み立てになっているか確かめたり，まだもう少し材料を整理しないと組み立てがうまく考えられない子供は，そのためのツールを用いて整理した上で構成に進めるようにしたりするといった，個別最適な学びに配慮した学習指導の在り方が大切になります。

　こうした指導の工夫は，子供たちの自らの学習を調整しようとする姿を引き出しやすくします。「主体的に学習に取り組む態度」について評価を行う上でも大変有効です。

## 2　教室外への発信を取り入れた学習でのICT機器を活用した指導のポイント

　教室外への発信としては，同一学年の学級間交流，学年間交流，全校に向けた発信，更には校外に向けた発信などが考えられます。相手をどのように設定するか，またその相手にどのようにICTを活用して発信するかは，やはり指導のねらいを基に構想することとなります。

　例えば中学年「C読むこと」の共有の指導事項は次のように示されています。

カ　文章を読んで感じたことや考えたことを共有し，一人一人の感じ方などに違いがあることに気付くこと。

　この指導事項を指導する際には，同じ文章を読んでいる学習者同士が交流することが基本となります。更に言えば，全員一律に同じ作品を対象にするのではなく，個別最適な学びの実現の観点から，並行読書材の中から子供自身が作品を選べるようにすることで，共有したい思いが大きく膨らむようにする工夫が効果的であることも多くの実践で確かめられています。

　しかし，学級単独の学習では幅広に並行読書材を提示しようとすると，同じ作品を選んだ子供が少ない場合が出てきてしまいます。そのため指導上の配慮から，選択する作品を限定せざるを得ませんでした。しかしICTの活用により，学級間交流が容易にできるようになることで，そうした指導上の制約を取り払うことも可能になります。大規模な学校の場合，他の学級との通信で，同じ作品を選んだ子供たちがグループを組んで読んだことを共有しやすくなるのです。

　更に校外への発信場面を工夫することも考えられます。例えば専門家の方にオンラインでインタビューしたり，他校の子供たちと遠隔同時双方向通信システムで交流を図ったりと，多彩な実践が生まれています。通常は交流の学習に困難をきたすような極小規模校であっても，学校間交流へと広げることで，「一人一人の感じ方などに違いがあることに気付くこと」の指導が，より効果的に実現できます。

# 3 情報共有場面での活用のポイント

## 1 子供たちの目的や意図を明確にした交流の促進

　これまでも授業に効果的に交流を位置付けることは実践上の課題とされてきました。例えば一人で考える時間を取った上で，ペアやグループで交流させようとしても，一人で学ぶ時間に書いたものを一人ずつ読み上げるだけで，実質的な交流にならないといった状況も多く見られました。交流を実質化するための重要な手掛かりは，子供自身が交流の目的を自覚することにあります。そしてその目的は，「読んで考えたことを交流する」といった形式的なものではなく，例えば一人で考えてみて，「手掛かりがつかめないから友達から考えを聞いてヒントを得たい」，「考えはもったものの自信がないから意見をもらいたい」，「新たに考え付いたから友達に聞いてもらいたい」といった子供一人一人の個別で多様な実感に基づいたものであることが重要です。従来はこうした個別の意思表示やそれに基づいた交流の手立てが取りにくかったため，一律に交流を指示することとなり，その結果とりあえず書いたものを読み上げるといったことになりがちでした。

　このような実践上の課題を克服することに向け，例えば学習支援ソフトを用いて上記のような思いを類型化し，色分けしたカードを一人一人が提示し，それをモニター上で一覧できるようにするといった機能を活用した指導がなされ始めています。

　こうしたことにより，教師自身が子供一人一人の反応をリアルタイムで把握できるようになります。予想外に「考えがまだまとまらない」という子供が多いようであれば，発問や指示が子供たちの思考と合っていない可能性があります。自分自身の指導を振り返って，改善の手立てを検討する契機ともなり，指導と評価の一体的改善を促進することができます。

　子供たちの側から見た場合も，各人の意思表明をお互いにつかむことができることから，例えば考えがまだまとまらない子供が，「新たな発見ができたから聞いてほしい」といった反応の子供を求めて交流するなど，子供が自らの学習を個別最適化できるようになってきます。

　なお，交流相手を見付けた後に，どのような形式で交流するのかについては指導のねらいを見極めて教師が判断する必要があります。教室内での意見交流を行うなら，全員が黙々とICT端末に向かうことを目指すわけではありません。相手を見付けたら横並びに座って，端末のディスプレイを指し示しながら説明し合えるようにするなど，様々に工夫してみましょう。

　また，子供たちの交流の目的については学年の発達の段階によっても実相は大きく異なります。低学年であれば「伝えたい」，「聞きたい」という思いを膨らませることが交流の実質的な目的となります。ICTの利活用においても，常に指導のねらいと子供の実態を踏まえた指導の工夫が大原則です。

## **2** デジタル教科書，電子黒板を併用した交流の促進

　１人１台端末とデジタル教科書や電子黒板を併用することで，更に授業改善の効果を高めることも可能です。デジタル教科書に搭載の全文掲示機能を活用し，電子黒板と１人１台端末を連動させることにより，「読むこと」の学習では，子供一人一人が文章全体のどこにどう着目したかが瞬時に一目瞭然になります。このことによって指導のねらいをよりよく実現できます。

　例えば低学年の「Ｃ読むこと」の文学的文章の精査・解釈の指導事項は次の通りです。

**エ　場面の様子に着目して，登場人物の行動を具体的に想像すること。**

　この指導事項は〔思考力，判断力，表現力等〕の指導事項ですから，「場面の様子に着目して」とは，子供が思考・判断することなく教師が指示した場面について読み取ることを意味するものではありません。子供自身がどの場面に着目して精査・解釈するのかを思考・判断したり，なぜその場面に着目したかを表現したりすることを求めるものなのです。なぜなら，実生活において教師の手を離れ，子供自身が本を手にした時にも生きて働く国語の資質・能力の育成を目指すからです。

　しかしながら指導に当たっては，低学年の子供たちに「どの場面に着目しますか」などと指導事項通りに発問しても，あまり効果は期待できません。指導事項をそのまま子供たちに下ろせばよいわけではないのです。眼前の子供たちの実態を念頭に置けば，例えば「お話の大好きなところやそのわけを紹介し合おう」といった言語活動の工夫が想定できます。つまり「場面の様子に着目して」を子供の側から見て必然性がもてるように「お話の大好きなところを見付ける」，更に「登場人物の行動を具体的に想像すること」を，「好きなわけを人物の言動を想像して説明する」などと子供の自然な読みの意識に合致したものにしていく工夫を行うのです。

　その際，前述のようなICTの活用によって，教師も瞬時に一人一人の状況を把握できますし，子供たちもお互いが文章のどこに着目したかが視覚化されて鮮明になります。その上で，「好きなわけがまだはっきりしていない子は，同じところに付箋を付けている子と交流してわけをはっきりさせよう」，「わけがはっきりしている子は，他のところに付箋を付けている子と交流して，『大好き』をもっと見付けよう」などと促すことが考えられます。

　もちろん，教師が指定した場面について「なぜこの人物はこんな行動をしたのだろう」と直接に発問することも考えられます。しかし教師が特定の発問さえすればいつでも全員がその流れに乗って学べるというわけではありません。子供たちの中には，読書の習慣がなく「大好きなところを見付けよう」と指示されても，見付けられない子供がいる場合があります。あるいは好きなところは見付けても，狭い場面しか念頭になく，物語全体を俯瞰した上で好きな場面に着目するには至らない子供もいます。こうした多様な子供たちがいることを念頭に置いた，個に応じたきめ細かな指導が，個別最適な学びの実現につながります。

# 4 言語活動の記録・保存，蓄積の際の活用のポイント

## 1 子供たち自身による学習成果の記録・保存，蓄積と活用

　子供たちがICT端末やクラウドに保存，蓄積していくものとしては，言語活動の最終的な成果物に加えて，例えば単元の学習計画表とその振り返り記録，学習過程で用いたワークシートや学びのヒント集などが考えられます。学びのヒント集としては，「インタビューのコツ」，「観察記録文の書き方」，「物語を推薦するためのポイント」，「感想を述べる際の言葉一覧」など，その後の学習にも生かせるような学習資料が挙げられます。従来は，ファイルなどにこうした学習成果を蓄積して活用するといった指導の工夫も行われてきていましたが，写真や動画，その他のデジタルデータで保存しますので，より簡便に分量を気にせず蓄積できる上に，破れたり壊れたりする心配もありません。

　これらは，単元の学びを進めるに当たり，子供たちが必要とする時に随時見返して活用できるようにします。例えば「提案する」という言語活動について言えば，提案内容は具体的でかつ実行可能なものであることや，提案理由を明確にすることなどが要件となります。こうしたことを精緻に踏まえた学習を進める際，「提案スピーチ」の単元で学習した「提案」の特徴を学びのヒント集にまとめておくことで，それ以後の「提案文を書く」などの単元の学習に生かすといったことが可能となります。

　また，主体的・対話的で深い学びを実現するためには，子供たちが学習の見通しを立てて学んでいくことが重要になります。例えば「書くこと」の単元の導入時に学習計画を立てる際，既習の「書くこと」の学習計画を振り返ることで，本単元の計画を考える際に役立てることができます。こうしたことを効果的に行うためには，魅力的なゴールとなる言語活動を見通すとともに，同系統の既習単元の学習計画を参考にしつつ，単元の学習計画を子供たちと立てることを繰り返していくことが有効です。なお高学年では，前単元の終末時点で学習の振り返りを行う際，学習計画についても振り返り，次に同系統の言語活動を行う際，計画のどこをどのように改善すればよいかを記録しておくと，その後の学習で非常に活用しやすくなります。

## 2 学年や学校としての蓄積と活用

　近年の優れた研究を行っている学校や教師に共通して見られる特徴として，言語活動自体の特徴分析を精緻に行う教材研究を進めているという点が挙げられます。研究を進めていけばいくほど言語活動の開発を丁寧に進めているという状況が見られます。しかし，ねらいにふさわしくかつ子供の実態に合った言語活動を開発し続けることは容易なことではありません。そこ

で，各学級等で作成した言語活動のモデルや子供たちの成果物を，写真や動画，テキストなどのデータとして保存，共有しておくことが大変有効になります。当該年度の成果を保存，蓄積することで，次年度に同一単元または同一の指導事項を指導する際に有効に活用することができます。デジタルデータで保存すれば，保管場所にも困りませんし，色褪せたりもしません。

　その活用に当たっては，モデルや成果物の活用のポイントも併せて記録しておくことが有効です。例えばリーフレット型ツールなどのモデルについて言えば，本来は授業者自身が作成したものが，その指導意図を踏まえたものであるために的確に使いこなせるものとなります。しかし前年度のものを活用する際は，「こんなリーフレットを作らせればよい」というようについつい外形だけにとらわれてしまい，結果として活動あって学びなしの状況を導きかねません。

　例えば中学年の「Ｃ読むこと」の指導事項，

エ　登場人物の気持ちの変化や性格，情景について，場面の移り変わりと結び付けて具体的に想像すること。

の中でも，「気持ちの変化」を具体的に想像することに重点を置いて指導する場合において，「物語の心に残る場面とその理由をリーフレットにまとめて説明する」言語活動を行う際，モデルとして提示する「心に残る理由」の例文は何でもよいわけではありません。「気持ちの変化」を手掛かりに理由を説明する例文を示すこととなりますから「わけは，最初は○○という気持ちだったのに，…がきっかけで，□□という気持ちに変わってきた場面だから」などと，変化や移り変わりに着目して読み，それを表出する場合の例文を意図的に示すこととなります。こうした指導のポイントをデータに添えて保存しておくことで，翌年度の実践でも指導の意図をそらさずに活用することができ，学校研究を進める際の財産となります。

## 3　学習評価材としての活用

　指導のねらいに合った言語活動の成果物は，学習評価のための客観的なデータとしても機能します。特にスピーチや交流会などの音声言語系統の言語活動の場合は，動画データが評価に当たっても大変有効に機能します。また文章やリーフレットなどにまとめる文字言語中心のタイプであっても，通常は子供たちに返却することとなりますので，いつでも手元に置いて見返すことができるデジタルデータで保存しておくことは大変使い勝手のよいものとなります。

　保存したデータは，評価結果を保護者に説明する際にも効果を発揮します。評価の信頼性，妥当性を高めるためには，数値的なデータのみならず，子供たちの具体的な学習の成果を保護者と共有していくという視点が一層重要になります。例えば学期末の面談などの機会に，保護者に対して子供の学習の具体的な成果物を示し，どこをどのように努力して能力を身に付けられたのかを明確に説明することが，保護者との共通理解を深め，説明責任をよりよく果たしていくことにつながります。

（水戸部修治）

# Chapter 3

## ICT &
## 1人1台端末を
## 活用した
## 言語活動
## アイデア15

# 1 新入生に，小学校のことを動画で紹介する

ＩＣＴ：iPad　ロイロノート・スクール　テレビ（大型スクリーン）
教材名：「小学校のことをしょうかいしよう」（東京書籍１年）
単元名：１年生に向けて小学校のすてきな場所をしょうかいしよう

## 1 単元構想と ICT 活用のポイント

### ▶付けたい力

本単元では，次の指導事項を重点的に指導します。

〔知識及び技能〕「(1)言葉の特徴や使い方に関する事項」

「ア　言葉には，事物の内容を表す働きや，経験したことを伝える働きがあることに気付くこと。」

〔思考力，判断力，表現力等〕「A話すこと・聞くこと」

「ウ　伝えたい事柄や相手に応じて，声の大きさや速さなどを工夫すること。」

特に，小学校のことを説明するに当たり，モデルとなる子供が話している様子の動画を見せることで，小学校の紹介の言葉の中に自分がこれまでの学校生活で経験したことを伝える働きがあることに気付いたり，声の大きさや速さなどを工夫して話したりする能力の育成に重点を置きます。

### ▶言語活動の特徴

「次の年に入学する１年生に向けて，小学校の素敵な場所を動画で紹介する」言語活動を行います。自分が素敵だと思う場所を次の１年生に紹介することで，自分の経験したことを伝えるという言葉の働きに気付く能力を育成するのにふさわしい言語活動です。また，次の１年生に分かりやすい紹介の動画を作る活動を通して，話す際の声の大きさや速さなどについて，自然と相手のことを考えて工夫することをねらいとした言語活動です。

### ▶ ICT 活用のポイント

#### ● iPad の録画機能で自分自身の説明の様子を確かめる

学級で発表練習を誰かに見てもらい，それに対して意見をもらう際には，自分自身でもスピーチしている様子を確かめることが不可欠になります。そこで，iPad の録画機能を使って自分がスピーチする様子を再生して確かめられるようにします。小学校の様々な場所の紹介をする際，その場所で撮影を行い，何度でも紹介の映像を確かめ練習する際に活用します。

●ロイロノート・スクールを活用して，撮影した動画を学級で共有し，提示する

　動画を撮影した後，ロイロノート・スクール（以下，ロイロノート）の共有機能を使ってデータで提出します。提出した映像を提示し全員で見ることで，実感をもって順序や話し方の様子を子供たちで見合うことができます。

【児童の活動例】※給食調理場での学習の様子

　子供たちは，自分たちで考えた内容をタブレットに向かって発表しています。自分たちが納得のいくまで繰り返し撮影して撮り直すことができます。

　ここは給食室です。ここに給食を取りに来ます。ここにはみんなの食べれるものがいっぱいありますよ！給食室ではエプロンを着ないと入れません。私たちのおススメの食べ物は，僕は，フルーツポンチです。私は，カレーうどんです。これで給食室の説明を終わります。一年生のみなさん，給食楽しんでね！

## 2　学習指導計画

### ▶単元の目標

○小学校の紹介を通して，言葉には，事物の内容を表す働きや，経験したことを伝える働きがあることに気付くことができる。　　　　　　　　　　　　　　　　　　　知・技(1)ア

○タブレットを使用した動画撮影の練習を通して，伝えたい事柄や相手に応じて，声の大きさや速さなどを工夫することができる。　　　　　　　　　　　　　　　　　　　　　　Aウ

○小学校を紹介することに向けて，見通しをもってスピーチの準備に取り組んだり，よりよく伝わるよう何度も工夫したりしようとする。　　　　　　　　　　　　　　　学びに向かう力等

### ▶単元の評価規準

| 知識・技能 | 思考・判断・表現 | 主体的に学習に取り組む態度 |
|---|---|---|
| ・「小学校のことについて，紹介する」動画撮影を通して，言葉には経験したことを伝える働きがあることに気付いている。　　　(1)ア | ・撮影した動画を見て確かめながら，伝えたい事柄が相手に伝わるように，声の大きさや速さなどを工夫している。　　　Aウ | ・新入生に向けた「動画を通した小学校の紹介」に興味をもち，伝える内容を考えようとしている。<br><br>・撮影した動画を何度も確かめることで，より相手に伝わるように，話し方を工夫しようとしている。 |

## **3**　単元の指導計画（全８時間）

| 次 | 時 | 学習活動 | ICT 導入のポイント（◇）と指導上の留意点（・） |
|---|---|---|---|
| 1 | ① | ○学習の見通しをもつ。<br>○自分たちの小学校生活の写真を見て，学校生活の中で楽しかったことを話し合う。<br>○次の１年生が小学校生活を楽しみに思えるような方法を考えながら，言語活動の内容を考える。<br>・学習計画を立てる。<br><br>〈子供のゴール〉<br>　映像で，次の１年生に小学校のことを伝えよう。<br><br> | ◇タブレット動画で，これまで１年間の学校生活の写真を子供たちと共有する。<br>　　　　　　　（ロイロノート　写真機能）<br>・教室，運動場，体育館，図工室，保健室，生活科室，給食室，学習室…等，様々な場所で学校生活を送っていたことを映像を使って，視覚的に分かるようにする。<br>・子供と一緒に学習のゴールをつくるようにする。 |
| | ② | ○映像で小学校のことを紹介するには，どの撮影ポイント（場所）があればよいか考える。<br><br>○同じ撮影場所を希望した子供同士でグループを組む。 | ・ICT 機器を使わず，黒板を中心とした指導にし，たくさんの場所の候補を挙げられるようにする。<br>・前時で決めた子供のゴール達成のために，よりふさわしい場所を決めることを強調する。 |
| 2 | ③ | ○撮影するに当たって，次の１年生に向けて話すことを考える。<br>○グループに分かれてスピーチ原稿を作る。<br><br>　しょくいんしつ<br>①こんにちは　１年生のみなさん。<br>②ここが，しょくいんしつです。<br>③自分たちの先生やほかの先生がいます。<br>④しょくいんしつのまえのろうかでは大ごえをださないでください。<br>⑤コピーをしてくれます。ただし，きょうかしょをわすれたときだけです。<br>⑥また，きょうしつのカギをとりにきます。<br>⑦もうわかりましたか。<br>⑧それでは１年生の生かつを楽しんでね。<br>⑨これでせつめいをおわります。 | ・意見が出やすく，かつ楽しみながらできるように，ワークシートに型を作らず，Ｂ４サイズの紙に自由に書かせる。<br>・次の１年生が撮影された動画を見て，「見てよかった」と思える内容にすることを強調する。 |

| | | | |
|---|---|---|---|
| | ④ | ○一度，動画で撮影する。<br>○グループで映像を見て意見を伝え合う。 | ◇iPad の録画機能を使って，次の１年生に向けた小学校の紹介を撮影する。<br>・グループで納得のいくまで，何度撮り直してもよいことをおさえる。<br>◇ロイロノートを活用し，一番よいと思える動画１本のみ，データで提出させる。 |
| 3 | ⑤ | ○教室で全てのグループの映像を見る。<br>（４グループ　教室・体育館・保健室・職員室）<br>○声の大きさや速さについて，気付いたことをカードに書き，意見を伝え合う。<br><br>しょくいんしつはんへ　アドバイス<br>よかったところ→<br>　せつめいのこえが大きい<br>なおしたほうがよいところ→<br>　はやすぎるところ<br>　　　　　　　　　　　○○　より | ・発表動画を学級のテレビ（大型スクリーン）とつなぎ，グループの発表動画を一つずつ，学級の子供たち全員で同じ時間に見るようにする。<br>・よかったところ，もっと工夫したらよいところの２点のみを記入することをおさえる。<br>・どのようなことを書いたらよいか分からない子供のために，数人だけ全体の場で発表してから，書くようにする。 |
| | ⑥ | ○教室で全てのグループの映像を見る。<br>（４グループ　図工室・生活科室・給食室・学習室）<br>○声の大きさや速さはどうか，自分たちが経験したことなどが言葉で伝わっているかなどについて意見を伝え合う。 | ・発表動画を学級のテレビ（大型スクリーン）とつなぎ，グループの発表動画を一つずつ，学級の子供たち全員で同じ時間に見るようにする。<br><br>◇全てのグループ発表を見せ終わると，最後にロイロノートの共有機能を使って，全員のタブレットに発表の全動画を送る。<br>・休み時間や放課後など，自分のグループ以外の発表動画を見て参考にし，いつでも練習できることをおさえる。 |
| | ⑦ | ○グループでそれぞれの場所を選び，撮影する。 | ・前時で他グループからもらった意見を大切にすることをおさえる。 |
| | ⑧ | ○全てのグループの発表動画を見る。<br>○単元全体の振り返りをする。 | ・発表動画について，細かな指摘はせず，「新１年生に伝えられた」と実感できるようにする。 |

1・2年

3・4年

5・6年

## 4　ICT を活用した指導の工夫

### ❶第２次第４時の指導

第２次第４時では，新１年生に向けた小学校の紹介を撮影し，グループで映像を見て意見を伝え合う活動をします。その際，グループで納得のいくまで，撮影を何度撮り直してもよいこととします。

### ●使用する ICT

iPad の録画機能を使って子供たちの発表動画を撮影します。

### ●期待できる効果

録画機能を使って発表動画を撮影することで期待できる効果は，主に次の３点です。１点目は，自分たちの発表の様子を自分たち自身で確認できることです。教師のアドバイスではなく，子供同士で意見を伝え合うことで，子供主体の活動が可能になり，学習意欲の向上が期待できます。２点目は，録画機能は何度も再生可能なので，授業時間だけでなく，休み時間や放課後などでも，自分たちの好きな時間に学習に向かえる点です。学習意欲を高め，有意義に学習することが可能になります。３点目は，本単元の重要な学習のポイントである，内容に応じた声の大きさや，話す速さなどについて，子供同士で意見が活発に出ることが期待できることです。

### Point

ICT 機器に不慣れな１年生は，撮影自体に意識が向きがちです。最初に，新１年生に向けて紹介するということをおさえ，相手意識をもって活動できるようにすることが大切です。また，撮影の前に，グループ内で ICT を使わずに練習をし，ある程度子供たちが自信を付けてから臨めるようにするとよいでしょう。何度でも繰り返しチャレンジできることをおさえ，一番よいと思う動画を一つのみ提出する形をとることで，子供たちの学習意欲が膨らみます。

### ❷第３次第５時，第６時の指導

第３次第５時，第６時では，発表動画を学級のテレビ（大型スクリーン）とつなぎ，グループの発表動画を一つずつ，全員で同じ時間に見る活動を行います。動画を見た後，紹介でよかったところ，もっと工夫したらよいところの２点を意見カードに書き，意見を伝え合います。

●使用する ICT

タブレット学習支援ソフト「ロイロノート」の提出・共有機能を使い子供たちの発表動画を見ます。

●活用の仕方

学習活動のゴールの実現に更に近づくために，ロイロノートの提出・共有機能を活用します。

第5時では，提出機能を使って，子供が撮影した動画を学級の全員で見ることで，意見を伝え合うことを目的とします。ここでは，グループで撮影した動画を，教室のテレビ（大型スクリーン）画面に映し出し，一つの動画に集中して見せるようにします。率直で簡潔に意見が出るように，意見カードを活用します。授業時間内に他の子供に撮影内容を見てもらえたグループは，その時間以降，休み時間や放課後

などを使って学級の友達の意見を生かし，いつでも自由に練習することが可能です。

第6時では，前時間と同様，一つの動画を全員で見て，意見を伝え合う活動を行います。全てのグループの動画を見終えた段階で，ロイロノートの共有機能を使って，学級全員が動画を共有します。一人一人のタブレットに動画を共有できることによって，自分のグループの映像のみではなく，他のグループの内容も参考にすることができます。第6時以降，子供たちがそれぞれの時間に撮影した動画を随時共有することで，子供の学習意欲の更なる高まりが期待できます。

**Point**

iPad の録画機能を使って子供たちの発表動画を撮影する際の留意点は，目的意識（子供たちのゴール）を強く意識させておくことです。子供たちはタブレットを触ること，使うこと自体に楽しみや喜びを感じ，活動中本来の目的を忘れがちです。今回の学習では，「新1年生に向けた小学校の説明」という目的のために，動画で伝えるという方法をとっているにすぎません。新1年生が，自分たちの作った動画を見た時，「学校生活を楽しみにしてくれるか」，「より小学校生活に興味が湧くか」その目的達成のため，主にグループで話し合ったり，伝え方の表現を工夫したりできるようにしていることを単元の学習中，全員で共有しておくことが重要になります。

（鍛治本武宏）

# 2 マイ自動車図鑑を作る

ＩＣＴ：タブレット　ミライシード　大型スクリーン
教材名：「じどう車くらべ」（光村図書１年）
単元名：マイじどう車ずかんをつくろう

## 1 単元構想と ICT 活用のポイント

### ▶付けたい力

本単元では，次の指導事項を重点的に指導します。

〔知識及び技能〕「⑵情報の扱い方に関する事項」

「ア　共通，相違，事柄の順序など情報と情報との関係について理解すること。」

〔思考力，判断力，表現力等〕「Ｃ読むこと」

「ア　時間的な順序や事柄の順序などを考えながら，内容の大体を捉えること。」

「ウ　文章の中の重要な語や文を考えて選び出すこと。」

特に，はたらく自動車について説明する文章を書く上で重要になる語や文を考えて選び出す能力の育成に重点を当てます。

### ▶言語活動の特徴

「はたらく自動車について説明する文章を書いてマイ自動車図鑑を作る」言語活動を行います。家の人に色々な自動車について紹介するために，教科書に出てくる三つの自動車に自分のお気に入りの自動車のページを加えて自分だけの自動車図鑑を作るという言語活動を設定します。はたらく自動車について説明する文章を書くことに向けて，事柄の順序を考えながら内容の大体を捉えたり，図鑑や本などから重要になる語や文を考えて選び出したりする能力を育成するのにふさわしい言語活動です。

### ▶ ICT 活用のポイント

●タブレットの写真機能を使って教科書の挿絵を取り込み，本文から読んで選び出した自動車のつくりに印を付けたり説明を書き加えたりする

教科書の挿絵は教師が取り込み，タブレット学習ソフト「ミライシード」のプレゼンテーションツール「オクリンク」の中の意見交流機能を使って全員に配付します。本文に書かれた「つくり」が自動車のどの部分のことなのかを考え，タブレット上の挿絵に○を付け，本文から取り出した短い言葉で説明を書き加えます。発表者の画面を大型スクリーンで拡大提示し全

体で確認します。友達の考えを聞いてよりよいものに訂正し，カラー印刷するとそのままマイ自動車図鑑の１ページとなります。

●**教科書の挿絵を写真加工ソフトで加工し大型スクリーンで提示する**

　教材文は，それぞれの自動車の仕事に合ったつくりが書かれています。挿絵を加工し，本文に書かれたつくりとは違うつくりになっている自動車を提示します。そして，そのつくりでは，仕事ができないわけを考えることで仕事に合ったつくりになっていることを意識させます。

●**タブレットの写真機能を使ってお気に入りの自動車の写真を自分で撮影して取り込む**

　自分で撮影した自動車の写真に，図鑑を読んで選び出したつくりを書き加えることで，お気に入りの自動車のページを作ります。絵を描くことなどに時間をかけずに言語活動を進められるため，指導のねらいに即した学習を重点的に行うことができます。

## 2 学習指導計画

### ▶単元の目標

○事柄の順序など情報と情報との関係について理解することができる。　　　　　　　　知・技(2)ア

○はたらく自動車について説明する自動車図鑑の文章を書くことに向けて，事柄の順序を考えながら内容の大体を捉えたり，重要な語や文を考えて選び出したりすることができる。

Cア，ウ

○進んで図鑑などを読み，興味をもった自動車の「しごと」や「つくり」を見付けたり，見付けた情報を書いて説明したりして主体的に図鑑づくりに取り組もうとする。　学びに向かう力等

### ▶単元の評価規準

| 知識・技能 | 思考・判断・表現 | 主体的に学習に取り組む態度 |
|---|---|---|
| ・事柄の順序など情報と情報との関係を理解している。<br><br>(2)ア | ・自動車図鑑の文章を書く際の文章の構成を見付けるために，事柄の順序を考えながら内容の大体を捉えて文章を読んでいる。　　Cア<br><br>・自動車図鑑の文章を書く際に必要となる，順序や仕事，つくりに関する語や文を見付けて読んでいる。　　Cウ | ・興味をもった自動車の仕事やつくりについて図鑑などから見付けたり，見付けた情報を書いて説明したりすることに関心をもち，進んで図鑑を読んだり，見付けた情報を書いて説明したりしようとしている。 |

## **3** 単元の指導計画（全12時間）

| 次 | 時 | 学習活動 | ICT 導入のポイント（◇）と指導上の留意点（・） |
|---|---|---|---|
| 1 | ① | ○知っている自動車の名前をシートに書き交流する。<br>○友達が見付けた自動車の名前も書き加えシートを完成させる。 | ・シートには「いろいろなじどう車」とタイトルを付け，色々な自動車の一つ一つが「それぞれのじどう車」であることをおさえる。 |
| | ② | ○『じどう車くらべ』の範読を聞き，出てきた自動車や説明されていたことについて確かめる。<br>○教師が書いた自動車図鑑を見せ単元のゴールを見通す。<br><br>めあて<br>マイ自動車図鑑を作ってお家の人にも見せよう！ | ・挿絵を参考にしながら，出てきた自動車の種類，絵と説明は同じページに書かれていることを確認する。また，「しごと」と「つくり」について説明されていることもおさえる。<br>◇教師が書いたお気に入りの自動車のページを大型スクリーンで拡大提示し，挿絵にはその自動車のつくりの説明を書いてより分かりやすい図鑑を作っていくことを確認する。 |
| 2 | ③ | ○問いの文を確かめ「しごと」と「つくり」をはっきりさせれば自動車について説明する文章が書けることをおさえる。 | ・問いが二つあること，三つの事例を挙げて答えが書かれていることをおさえる。 |
| | ④<br>⑤<br>⑥ | ○それぞれの自動車の「しごと」と「つくり」を読み取り三つの自動車（バスや乗用車，トラック，クレーン車）のページを作る。 | ・二つの自動車の「しごと」が書かれている箇所には赤，「つくり」が書かれている箇所には青，接続語「そのために」は黄色で線を引かせることで，全ての説明は「しごと」「そのために」「つくり」の順に書かれていることに気付かせる。また，挿絵に書き込む「つくり」は短い言葉だけにすることで，重要な語句を選び出せるようにする。<br>◇本文に書かれた「つくり」が自動車のどの部分のことなのかタブレットの写真機能を使って取り込んだ教科書の挿絵に○を付け，本文から取り出した短い言葉で説明を書き加える。その後，ペアで確認し合うことで |

| | | | |
|---|---|---|---|
| | | | ・「つくり」を正確に捉えさせる。<br>・なぜその「つくり」になっているのか，「しごと」と関連付けて考えさせる。<br>・「しごと」は赤，「つくり」は青のカード（重要な語句だけ虫食いになっているもの）に書き，順番を考えて貼ると，それぞれの自動車の説明のページが出来上がるようにすることで，重要な語句を選び出したり，事柄の順序に注意したりできるようにする。 |
| | ⑦<br>⑧ | ○ショベルカーの「しごと」と「つくり」を考えカードに書く。 | ◇教科書のQRコードからショベルカーが仕事をする様子を見ることができるので，大型スクリーンで視聴し，ショベルカーの「しごと」を確認し，その「しごと」に合った「つくり」を図鑑や映像から見付けさせる。 |
| 3 | ⑨ | ○本などを使ってお気に入りの自動車の「しごと」について調べ，文にまとめる。 | ・③〜⑧にもそれぞれの学習内容に合わせて，乗り物の本に触れさせておく。<br>◇書きたい自動車が同じ子供が数人いる時は，書きたい自動車のページをタブレットで撮影し全員が見られるようにする。 |
| | ⑩ | ○本などを使ってお気に入りの自動車の「つくり」について調べ分かったことを書く。<br>○「しごと」の文を読み直し，それに合った「つくり」を選ぶ。<br>○お気に入りの自動車の写真を撮影し，絵に「つくり」の説明を書き加える。 | ・子供たちが選んで読んでいる本には必ずしも問いの文があるわけではないので，子供たちが「すごい！」，「伝えたい！」と感じた重要な語や文を考えて選び出せるように促す。<br>◇お気に入りの自動車の写真（または絵）をタブレットの写真機能を使って撮影し，必要な部分だけトリミングして保存させる。 |
| | ⑪ | ○表紙，目次などを書きマイ自動車図鑑を完成させる。 | ◇前時の手順で表紙にしたい自動車の写真を撮影，トリミングし題名と名前を書いて完成させる。 |
| | ⑫ | ○お気に入りの自動車のページを読み合い，感想を伝え合う。 | ・友達や家の人に伝えてもらった感想を振り返らせ，自分の文章のよさを見付けられるようにする。 |

# 4 ICTを活用した指導の工夫

## ❶第２次第４時，第５時，第６時の指導

### ●叙述内容を正しく理解する助けとなる「ミライシード」の「オクリンク」の活用

　第２次第４～６時では，子供たちが叙述内容を正しく理解するために，「ミライシード」のプレゼンテーションツール「オクリンク」を使用します。バスや乗用車，トラック，クレーン車の三つの挿絵を教師が撮影し，全員に一斉送信します。子供たちは，本文に書かれた「つくり」が自動車のどの部分のことなのか挿絵に○を付けます。そして，○を付けた部分について本文の言葉を使って説明を書き加え，挿絵を見せながら「つくり」について友達に説明します。自分で説明したり，友達の説明を聞いたりすることで「つくり」を正確に理解していきます。タブレット上に書き込んだ○や説明は何度でも消して修正できるので，教科書に書き込む場合と比べ，書いたり修正したりと試行錯誤をしながら理解していくことができます。

**Point**

　全員の考えは「ミライシード」の「オクリンク」の中のLIVEモニタリング機能を使って一度に確認することが出来ます。その画面を大型スクリーンに映すと，自分の考えとの違いが一目で分かるので，そこから話し合う必要感が生まれます。また，○や説明を書き込んだ挿絵は，そのまま印刷して図鑑の１ページとなるので，一人一人の挿絵を見れば重要な語や文を選び出せているかどうか評価することもできます。

### ●子供が話し出したくなる画像の作成

　第２次第５時では，「しごと」に合った「つくり」を選ぶことを実感できるようにするために，トリミングしたりつなげたりして加工したトラックの挿絵を大型スクリーンで拡大提示します。トラックのつくりとは違うつくりになっている荷台の狭いトラックとタイヤが４つしかついていないトラックを提示すると，子供たちは「こんなつくりじゃ仕事ができないよ。だって…」と語り始めます。子供たちが話したくなる視点を視覚的に提示することで「しごと」にぴったり合った「つくり」になっていることが実感しやすくなります。

## Point

教科書の挿絵と荷台の広さやタイヤの数，窓の大きさ等の違いが一目で分かる画像を作成します。違いがはっきりしていることで，どの子も自信をもって語りたくなります。

### ●教科書のQRコードの効果的な活用

第2次第7時では，前時までに学習したことを生かして全員でショベルカーのページを作成します。教科書のQRコードからショベルカーの動画を大型スクリーンに映すことでショベルカーは地面を掘る仕事をしていることが全員で確認できます。また，動きからその自動車の特徴を見付けることができます。

## Point

QRコードから読み取った動画はiPadから手軽に見ることができます。必要に応じて個人で繰り返し見るという活用の仕方もできます。その時は事前に児童用タブレットからQRコードが読み取れるかを確認しておく必要があります。

❷第3次第10時の指導

### ●自分の「やりたい！」を実現する「オクリンク」のカメラ機能

第3次第10時では，「オクリンク」のカメラ機能を使って図鑑などから自分が選んだ自動車の写真を撮影します。そして，撮影した写真にペイント機能を使って「つくり」の説明を書き加えます。これまでは，自分で自動車の絵を描いて図鑑を仕上げることが多かったため，お気に入りの自動車であってもつくりが複雑で絵に表すことが難しいと選ぶのを諦めてしまうこともありました。カメラ機能を使って撮影した写真がそのままお気に入りの自動車のページになるので本当に書きたい自動車を選んで書くことができます。表紙に使いたい自動車の写真も同じようにして作成します。

## Point

つくりが分かりやすい写真を選ばせます。また，救急車などのように自動車の外側ではなく中のつくりについて書く場合は，自動車の中の様子が分かる写真を

選ばせます。1年生にとってカメラで写すことは簡単なようで難しく，焦点があっていなかったり写したいものが小さかったりするので，焦点を合わせることや写したいものを大きく写し，いらない部分はトリミングすることを指導します。

（石田真喜子）

# 3 楽しかった経験を紹介する

ＩＣＴ：iPad　ロイロノート・スクール　Microsoft Teams　プロジェクター（テレビ）
教材名：「楽しかったよ，二年生」（光村図書２年）
単元名：つたえたいことをきめて，はっぴょうしよう

## 1 単元構想とICT活用のポイント

### ▶付けたい力

本単元では，次の指導事項を重点的に指導します。

〔知識及び技能〕「(1)言葉の特徴や使い方に関する事項」

「イ　音節と文字との関係，アクセントによる語の意味の違いなどに気付くとともに，姿勢や口形，発声や発音に注意して話すこと。」

〔思考力，判断力，表現力等〕「A話すこと・聞くこと」

「ア　身近なことや経験したことなどから話題を決め，伝え合うために必要な事柄を選ぶこと。」

「イ　相手に伝わるように，行動したことや経験したことに基づいて，話す事柄の順序を考えること。」

「ウ　伝えたい事柄や相手に応じて，声の大きさや速さなどを工夫すること。」

特に，聞き手を意識しながら，声の大きさや速さなどを工夫する能力の育成に重点を当てます。楽しかった思い出を友達に伝えるためには，どのようにスピーチしたらよいのかを考えさせる中で，声の大きさや速さなどに注意し，適切な話し方を工夫することを指導します。

### ▶言語活動の特徴

「１年間をともに過ごした友達に，楽しかった思い出を発表する」言語活動を行います。２年生の１年間を思い出して，一番心に残っている大切な思い出を話題として設定し，友達に伝わるように，話す事柄の順序を考えて，声の大きさや速さを工夫して説明するスピーチを行います。１年間を共に過ごした友達と思い出を共有したいという思いを原動力にしたこの活動は，相手に伝わるように，話す事柄の順序を考えたり，声の大きさや速さなどを工夫したりする能力を育成するのにふさわしい言語活動です。

### ▶ ICT活用のポイント

● iPadで写真を共有し，話したい事柄を選ぶ

　子供たちの記憶だけでは，経験したことを十分に思い出せないこともあります。そこで，子供の iPad に，共有フォルダを作成し，これまで撮りためてきた写真を入れておきます。写真を見ながら，思い出を語り合い，その中から一番心に残っている大切な思い出を選ばせるようにするのです。思い出を選んだ理由や，具体的なエピソードを想起させると，更に話したいことが膨らんでいきます。

●ロイロノートで，話す順序を考える

　話題を決めたら，話題に合う写真を3，4枚選ばせるようにします。話したい事柄にぴったり合う写真がない場合には，絵を描かせ，写真を撮って代用するとよいでしょう。選んだ写真をロイロノートに取り込み，→でつなぎながら，どの順番で話すかを考えさせるようにします。

● iPad の録画機能を活用し，よりよいスピーチの仕方を考える

　スピーチの練習場面では，iPad の録画機能を用いてスピーチの様子を録画し，友達と見合うことで，よりよいスピーチの仕方を考えさせるとよいでしょう。また，全体でグッドモデルやバッドモデルを共有し，よりよい話し方のポイントに気付かせることも効果的です。

## 2　学習指導計画

### ▶単元の目標

○姿勢や口形，発声や発音に注意して話すことができる。　　　　　　　　　　　知・技(1)イ

○身近なことから話題を決め，話すために必要な事柄を選んだり，話す順序を考えたりするとともに，伝えたい事柄や相手に応じて，声の大きさや速さなどを工夫することができる。

Aア，イ，ウ

○経験したことから伝えたいと思うことを選び，材料や話す順序，話し方を工夫して，聞き手に伝えようとする。　　　　　　　　　　　　　　　　　　　　　　　　学びに向かう力等

### ▶単元の評価規準

| 知識・技能 | 思考・判断・表現 | 主体的に学習に取り組む態度 |
|---|---|---|
| ・姿勢や口径，発声や発音に注意して話している。<br>(1)イ | ・経験したことから話題を決め，発表するために必要な事柄を選んでいる。　Aア<br>・相手に伝わるように，行動したことや経験したことに基づいて，話す事柄の順序を考えている。　Aイ<br>・伝えたい事柄や相手に応じて，声の大きさや速さを工夫している。　Aウ | ・1年間の思い出から一番心に残っている思い出を選び，材料や話す順序，話し方を工夫して，聞き手に伝えようとしている。 |

## **3** 単元の指導計画（全8時間）

| 次 | 時 | 学習活動 | ICT導入のポイント（◇）と指導上の留意点（・） |
|---|---|---|---|
| 1 | ① | ○学習の見通しをもつ。<br><br>○学習課題を設定し，学習の計画を立てる。<br><br>めあて<br>2年生の1年間をふりかえり，一番大切な思い出を1つきめて，はっぴょうしよう。 | ・教師によるスピーチ例を基に，「1年間をともに過ごした友達に，大切な思い出を発表する」という単元のゴールイメージをもたせる。<br>◇ロイロノートを活用したスピーチ例を示し，順序を考えながらスライドを作成することや，写真を見せながらスピーチを行うことを伝える。<br>（p.43スピーチ例参照） |
| 2 | ② | ○iPadの共有フォルダ内の写真を見ながら，友達に一番発表したい事柄を選ぶ。 | ・これまで撮りためてきた写真を見ながら，大切にしている思いの強さや，友達に伝えたい思いの強さを手掛かりに，話題を選ぶようにする。 |
| | ③ | ○「初め－中－終わり」の構成で話すことを確認し，「初め」と「終わり」について，先にワークシートに記述する。 | ・ワークシート（p.43参照）を用意しておく。 |
| | ④ | ○「中」の部分について，思い出を詳しく想起し，話したい事柄をカードに書き出す。 | ・写真を見ながら思い出を語り合う時間を取り，その写真を選んだ理由や経験，その時の気持ちを思い出すようにさせる。<br><br>・写真1枚につき1枚のカードに話したい事柄をスピーチメモとして書き出させる。 |
| | ⑤ | ○話す順序を考える。 | ◇ロイロノートやワークシートの写真を並べながら，話す順序を考えさせるようにする。 |
| 3 | ⑥ | ○発表の練習をする。 | ・教師によるスピーチ例を聞き，よりよい話し方について考えさせる。 |

|  |  | ◇発表の様子を互いに動画撮影させ，録画を見直し，友達同士でアドバイスし合ったり，自分の発表を客観的に確認したりさせる。 |
| --- | --- | --- |
| ⑦ | ○友達に「一番大切な思い出」を発表する。 | ○発表を動画撮影し，全体での振り返りに用いたり，評価する際の材料として活用したりする。 |
| ⑧ | ○思い出を発表するという学習を通して学んだことを振り返る。 | ・振り返りシートを用意し，本単元の目標に則して身に付いたこと，今後の学習や生活の中で生かしていきたいことについて記述できるようにする。 |

【ロイロノート例】＊番号は便宜上

さかあがりができたこと　→　①　→　②　→　③

【教師によるスピーチ例・ワークシートより】

ワークシート（スピーチメモ）

| 初め | 中 | | | 終わり |
| --- | --- | --- | --- | --- |
| わたしの一番大切な思い出は、てつぼうのさかあがりができるようになったことです。 | ① したこと 休み時間に、友だちとなんどもれんしゅうをした。 | ② したこと 友だちが言ったこと 友だちが うでの力で体をひっぱるといいよ と教えてくれた。 | ③ したこと てつぼうはっぴょう会のときに、さかあがりをせいこうさせることができた。 思ったこと たくさんれんしゅうしてよかったと思った。友だちがいっしょにれんしゅうしてくれてうれしかった。 | これからも友だちといろんなことにちょうせんしていきたいです。 |

# 4　ICT を活用した指導の工夫

## ❶第２次第３時，第４時の指導

### ● iPad の共有フォルダに写真を保存し，写真を見ながら，話す事柄を考える

　第２次第３時，第４時では，子供たちが話す事柄を想起できるように，これまで撮りためた写真を予め iPad の共有フォルダに保存しておき，その写真を見ながら，思い出を語り合う時間を取るようにします。写真を見ながら語り合うことで，より豊かに記憶を蘇らせることができます。また，発表したいという思いを高めることにもつながります。

**Point**

　教師が用意した写真には発表したい内容にぴったり合うものがない場合も予想されます。その時には，発表したいことを絵に描かせ，写真を撮って，取り込むようにします。特に，個人的な体験や友達との会話は写真に残っていることが少ないことが予想されます。絵に描くことで思い出すこともあり，話す内容が膨らむことが期待できます。

### ●ロイロノートを活用して，話す事柄を考える

　選んだ写真に合わせて，話したいことをスピーチメモ（短冊）に書かせるようにします。スピーチメモを動かしながら，話す順序を考えさせることも有効ですが，文字量が多く，情報が捉えきれない子供がいることが予想されます。そこで，ロイロノートを活用し，写真を並べ替

えながら，順序を考えさせるようにします。ロイロノートは，カード（写真参照）を並べると，簡単にプレゼンテーションを作成することができます。簡単に並び替えができるだけでなく，スライドショーにして，スピーチの際に活用することもできるので，とても便利です。

**Point**

　低学年の場合，写真だけでは，話す事柄をまとめきれないことが予想されるので，スピーチメモも書かせるようにします。スピーチメモとロイロノートで作成したスライドを使いながら，話す事柄の順序や内容について，考えさせるようにします。カードを操作することで，話す内容についてのイメージがもちやすいのか，何回も繰り返し，声に出して，順序や内容を考える姿が多く見られるでしょう。

## ❷第３次第７時，第８時の指導

### ●スピーチを録画し，よりよいスピーチの仕方を考える

　第３次第７時，第８時では，iPad の動画を活用し，よりよいスピーチの仕方を考えさせながら，スピーチ練習に取り組ませるとよいでしょう。方法はいくつかあります。例えば，教師のスピーチを録画したものをグッドモデルやバッドモデルとして見せ，ポイントに気付かせるという方法があります。繰り返し，何度も視聴することができるので，声の大きさや速さなど，よりよい話し方のポイントだけでなく，組み立てや内容を表現する時のよさなどにも気付かせることができます。また，子供同士で互いのスピーチの様子を録画し，視聴しながら，友達から具体的にアドバイスをもらったり，自分のスピーチを客観的に確認したりすることも有効です。

### Point

　よりよいスピーチの仕方を考える際には，話し方の技能面が出来ているかどうかをチェックするというようなことではなく，相手にとって分かりやすいかという視点で考えさせることが大切です。本実践の際には，次のような気付きがありました。

> ・「はじめは」「それから」のように，順序が分かることはゆっくり丁寧に話すとよい。
> ・スピーチのはじめに，心に残ったことを大きな声で堂々と話すとよいと思った。
> ・気持ちの文があると，応援したくなった。
> ・速いと伝わりづらいから，ゆっくり話すとよい。
> ・スライドが変わる時には，話が変わる時だから，間を空けた方がよいと思った。

　子供たちの気付きを見ると，内容と話し方の両面から，相手に伝わりやすいスピーチの仕方を考えている様子が伺えます。こうした子供たちの気付きを，録画した実際の場面と照らし合わせて再確認させることで，実感を伴った深い理解につながります。

### ●録画したスピーチを作品としてデータ化する

　録画したスピーチは，iPad に保存したり，Microsoft Teams で共有したりすると，保護者にも見てもらうことができ，交流の幅が広がります。また，スピーチ場面を保存しておくと，評価の際にも活用できます。スピーチを作品としてデータ化し保存する仕組みをつくっておくとよいでしょう。

（大村幸子）

45

# **4** みんなの春を詩で伝える

ＩＣＴ：dynabook　ロイロノート・スクール　大型スクリーン
教材名：「見たこと，かんじたこと」（光村図書２年）
単元名：みんなの春を詩で伝えよう

## **1** 単元構想と ICT 活用のポイント

### ▶付けたい力

本単元では，次の指導事項を重点的に指導します。

〔知識及び技能〕「(1)言葉の特徴や使い方に関する事項」

「オ　身近なことを表す語句の量を増し，話や文章の中で使うとともに，言葉には意味による語句のまとまりがあることに気付き，語彙を豊かにすること。」

〔思考力，判断力，表現力等〕「Ｂ書くこと」

「ア　経験したことや想像したことなどから書くことを見付け，必要な事柄を集めたり確かめたりして，伝えたいことを明確にすること。」

特に，経験したことや想像したことなどを想起し，それらの中から書きたいことや伝えたいことを見いだす能力の育成に重点を当てます。

### ▶言語活動の特徴

「それぞれが見付けた春を詩で伝える」言語活動を行います。実際に外に出て見付けた様々な春らしい情景を見て，感じたことや想像したことを言葉にしていく中で，書きたいことを見付け，みずみずしい言葉で表現していくことができる言語活動です。

### ▶ ICT 活用のポイント

#### ●見付けた春をロイロノートのカメラ機能を使って写真に収め，みんなで共有する

周りにあふれる春らしい情景を見付けたら，その都度写真に収めます。１枚だけでなく，何枚も写真を撮ることで，自分が詩に表したいと思う素材がたくさんたまっていきます。また写真に収めることで，その情景をありありと振り返ることもできます。

#### ●見付けた春について感じたこと，思ったことを書き込んでつなげる

詩に書き表してみたい写真を選んだら，ロイロノートのカード作成機能を利用して，思ったことや感じたことをスライドに書き表していきます。文字で書き込むだけではなく，音声を吹き込んだりすることもできるので，低学年の子供も負担なく，自分らしい言葉を用いて表現す

るることが可能です。

子供の作品例

　本単元では，ロイロノートの機能を活用し，子供たちが見付けた春の情景を，写真と共に詩にして表現する学習を行います。

## 2　学習指導計画

### ▶単元の目標

○身近なことを表す語句の量を増やし，詩や文章の中で使うことができる。

知　技(1)オ

○経験したことや想像したことなどから詩に書くことを見付けることができる。

Bア

○積極的に経験したことや想像したことなどから書きたい事柄を見付け，これまでの学習を生かして詩を書こうとする。

学びに向かう力等

### ▶単元の評価規準

| 知識・技能 | 思考・判断・表現 | 主体的に学習に取り組む態度 |
| --- | --- | --- |
| ・身近なことを表す語句の量を増やし，詩や文章の中で使っている。　　(1)オ | ・経験したことや想像したことなどから詩に書くことを見付けている。　　Bア | ・積極的に経験したことや想像したことなどから書きたい事柄を見付け，これまでの学習を生かして詩を書こうとしている。 |

## **3** 単元の指導計画（全8時間）

| 次 | 時 | 学習活動 | ICT 導入のポイント（◇）と指導上の留意点（・） |
|---|---|---|---|
| 1 | ① | ○学習のゴールを見通し，学習計画を立てる。<br><br>学習課題　見たこと，感じたことを詩に書こう。 | ・自分で思ったことや感じたことを詩にするというゴールを見通す。 |
| | ② | ○色々な詩を読もう。 | ・季節感がよく表れている詩を声に出して読み，好きなところやいいなと思ったところを話し合うことで，様々な表現の仕方を実感する。 |
| 2 | ③ | ○詩の題材を見付ける。<br><br>○見付けたことや感じたこと，聞こえたことを文字カードに書き込む。 | ◇学校の周りを巡って，ロイロノートのカメラ機能を使い，表したい生き物や草花の写真を撮る。<br><br>◇ロイロノートで文字カードを作り，感じたことや思ったことを手書きやフリック入力で書き込めるようにする。写真に直接書き込んでもよい。<br><br>・じっくり観察し，表したい題材を見付けたり，分かったことや感じたことをその場ですぐにメモしたりすることで，表したいことを鮮明なものにできるようにする。 |
| | ④ | ○文字カードや写真の交流をして，感じたことや思ったことを言葉に表す。 | ・最初に読んだ詩の良いところを振り返り，「見たこと・感じたこと」だけでなく，「その事物になりきって」，「事物に話しかけるように」して書くなど，どんな付け足しができるか交流を通して気付けるようにする。<br><br>・様子を表す言葉について既習事項を振り返りながら，その様子にぴったり合った言葉を取り入れていけるようにする。 |

| | ⑤ | ○詩の下書きをする。 | ◇交流を通して，感じたことや分かったことなどは，文字カードや写真に書き足していけるようにする。 |
|---|---|---|---|
| | | | ◇複数の文字カードをつなげたり，並べ替えたりして，詩に表したい言葉を見付けたり広げられたりする。 |
| | | | ・詩を書く時には，ノートに下書きすることで，整理ができるようにする。 |
| | ⑥ ⑦ | ○ロイロノートを使って，詩を仕上げる。 | ◇写真に考えた詩をキーボードで入力したり手書き入力したりするなど，子供の実態によってそれぞれの方法で仕上げられるようにする。 |
| | | | ・春見付けで撮った写真を活用することで，その時の様子を分かりやすくする。 |
| 3 | ⑧ | ○書いた詩を読み合い，感想を伝え合う。 | ・「おもしろいな」，「様子や気持ちがよく分かるな」と思ったところを相手に伝えられるようにする。 |
| | | | ◇ロイロノートで作った作品を見せながら交流をする。作成画面を大型スクリーンの画面に移して全体で交流してもよい。 |
| | | ○学習の振り返りをする。 | ・次は，どんな詩を作ってみたいかを話し合えるようにする。 |

## **4** ICT を活用した指導の工夫

### ❶第２次第３時の指導

#### ●ロイロノートの活用

　第２次第３時では，詩を書くための材料集めとして，タブレット学習支援ソフト「ロイロノート」を使用します。見付けた材料を写真に残し，見たことや感じたことをメモとしてカードに記録していきます。１枚だけでなく，複数撮影して，様々に感じた春を撮りためていくことができます。その後，撮影した写真に言葉を添えて詩にしていきます。

見付けた春を逃さずカシャッ

#### Point

　第２次第３時では，「ロイロノート・スクール」のカメラ機能やカード作成機能を主に使用します。

　カメラ機能では，見たことをそのまま写真に残すことができます。低学年の子供でも活用しやすいので，意欲的に取り組める活動です。撮った写真は，提出機能を使うと大型スクリーンの画面で共有することができます。

　カード作成機能では，複数のスライドを作って詩の材料となる言葉集めをしていきます。見て感じたことを，できるだけインターバルを置かずに言葉にすることがポイントです。キーボードを使って，即座にテキスト入力することができます。

　低学年では，キーボード打ちが難しい場合は，手書き入力やフリック入力がお勧めです。

手書きで低学年の子供も楽々入力

### ❷第２次第４時の指導

#### ●ロイロノートのカード作成・編集機能の活用

　第２次第４時では，第３時で集まったカードを整理していきます。並び替えたりカードをつなげたりしていく中で，詩に表したい言葉を具体化していきます。

　前時に作成した文字カードや撮った写真について，友達に説明しながら，言葉をつなげていきます。カードの編集機能を使うことで，作成したカードは自由に配置して，簡単につなげたり並べ替えたりすることができるので，少しずつ書きたい詩のイメージをもつことができます。集まったカードを全て使うのではなく，必要なものを取捨選択し，また交流を通して書き足したりすることで，詩で使いたい言葉を考えられるようにします。

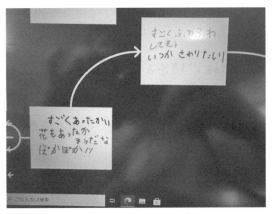

子供たちが並べたカード

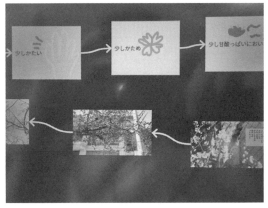

順序を簡単に入れ替えられ試行錯誤が容易

## Point

　浮かんだ考えをカードに書き出すことができ，そのカードを線でつなげるだけで伝わりやすい順番に並び替えることができるので，短い時間で自分の思いをまとめることができます。その分，言葉集めの内容が重要になってきます。語彙の少ない子供たちに対しては，写真を撮影してからできるだけ間を置かずにこの学習に進めるようにするとともに，写真を基に対話や会話を通して，感じたことや思ったことを自分の言葉で表現させてからカードに書き出してみるといった手立てがお勧めです。

## ❸第2次第6時，第7時の指導

### ●ロイロノートのカード作成機能で作品化

　第2次第6時，第7時では，単元のゴールとなる成果物をカード作成機能を活用して作成していきます。撮った写真をカードに取り込み，感じた言葉を添えて詩にすることで，自分自身の思いをたっぷりと表現した作品が出来上がります。

## Point

　いきなり考えた詩を打ち込むのではなく，ロイロノートで作る前に，つなげたカードを参考にしながらノートに詩の下書きをします。手書きだからこそ表現できる言葉もありますので，こうした手立てが有効です。第5時までに集めた言葉を見ながら，ノートに下書きしていくことで，表したい思いがよりはっきりと言葉になっていきます。

　できた詩を入力する際は，短いものであればフリック入力でも低学年の子供が取り組みやすいと考えられますが，基本的には手書き入力で進めます。仕上がったものを改めて写真と組み合わせることで，一人一人の思いがより豊かに伝わるものとなることでしょう。

（岡本奈奈）

# 5 伝えたいことを，理由をあげて話す

ＩＣＴ：タブレット　SKYMENUClass　Microsoft Teams
教材名：「わたしたちの学校じまん」（光村図書３年）
単元名：わたしたちの学校のすてきをつたえよう

## 1 単元構想とICT活用のポイント

### ▶付けたい力

本単元では，次の指導事項を重点的に指導します。

〔知識及び技能〕「⑴言葉の特徴や使い方に関する事項」

「イ　相手を見て話したり聞いたりするとともに，言葉の抑揚や強弱，間の取り方などに注意して話すこと。」

〔思考力，判断力，表現力等〕「A話すこと・聞くこと」

「イ　相手に伝わるように，理由や事例などを挙げながら，話の中心が明確になるよう話の構成を考えること。」

「ウ　話の中心や話す場面を意識して，言葉の抑揚や強弱，間の取り方などを工夫すること。」

特に，自分たちの学校のすてきなところを他の学校の友達に分かりやすく伝える上で，相手を意識し，すてきな理由を明確にして話す内容を構成する能力の育成に重点を当てます。

### ▶言語活動の特徴

「自分の学校の『すてき』を見付け，遠くの学校の友達にオンラインで伝える」言語活動を行います。社会科や総合的な学習の時間に学んだ自分の地域のこと，学校のことを伝える上で，すてきな理由を明確にして話す内容を構成する能力を育成するのにふさわしい言語活動です。また，オンラインで伝えるためには，より相手を意識して言葉の強弱や間の取り方などに注意して話す必要があり，表現の技能を高める手立てとなります。

### ▶ICT活用のポイント

#### ●タブレットの写真機能を使って写真を撮り，説明資料として提示する

「自分の学校のすてきなところ」を伝える際に，実際の場所や物，人の写真を指し示しながら説明しますが，写真が小さいと説明しにくいものです。そこで，タブレットで撮った写真を画面いっぱいに拡大提示したり，細かいところを指し示したりして説明する際に活用します。

●タブレットの録画機能を使って説明練習をする

　目線，言葉の抑揚や強弱，間の取り方などに注意して話すことができているか，自分の説明する様子を確かめられるように，説明練習の際に，録画機能を活用します。自分の話す力を自覚したり，より分かりやすく伝える話し方を追究したりすることがねらいです。子供自身が一番良い話し方だと思う映像を残すことで，教師の評価材料として活用することもできます。

●タブレットのオンライン機能を活用し，遠くの学校の友達と伝え合う

　「自分の学校のすてきなところ」を伝える際に，遠く離れた学校の友達には，ビデオレターや手紙，紙面上での紹介など，これまでは伝える手段が限られていました。ICT 環境整備が行われたことで，オンラインでどれだけ遠く離れた学校の友達ともつながることができ，子供の伝える意欲を高めることがねらいです。

## 2　学習指導計画

### ▶単元の目標

○自分の学校のすてきなところを分かりやすく伝えるために，言葉の強弱や間の取り方などの自己課題を，ICT を使って認識し，繰り返し練習することで注意しながら話すことができる。
知・技(1)イ

○自分の学校のすてきなところが相手に伝わるように，理由を挙げながら，話の中心が明確になるよう話の構成を考えたり，その中心を意識して，言葉の強弱や間の取り方などを工夫して話したりすることができる。
Aイ，ウ

○進んで話の構成を考えたり，話す練習をしたりしようとする。
学びに向かう力等

### ▶単元の評価規準

| 知識・技能 | 思考・判断・表現 | 主体的に学習に取り組む態度 |
|---|---|---|
| ・遠く離れた学校の友達に，学校のすてきなところを分かりやすく伝えるために，言葉の強弱や間の取り方などの自己課題を，ICT を使って認識し，注意しながら話している。　(1)イ | ・自分の学校のすてきなところが相手に伝わるように，理由を挙げ，伝えたいことの中心を明確にした構成を考えている。　Aイ<br>・学校のすてきなところの中で一番伝えたいことを意識して，言葉の強弱や間の取り方などを工夫しながら話している。　Aウ | ・学校のすてきなところを伝えるために，社会科や総合的な学習の時間に学習したことと学校探検を結び付けながらすてきを見付けたり，一番伝えたいことを意識した話し方の工夫を取り入れて，繰り返し伝える練習をしたりしようとしている。 |

## **3**　単元の指導計画（全８時間）

| 次 | 時 | 学習活動 | ICT 導入のポイント（◇）と指導上の留意点（・） |
|---|---|---|---|
| 1 | ① | ○社会科や総合的な学習の時間に学習した「わたしたちの神戸市」「校区の特徴」について思い出す。<br>・本校のある灘区と遠く離れた北区の特徴の違いを比較しながら，自分たちの学校のすてきなところを話し合う。<br><br>学習課題<br>北区に住む友達にわたしたちの学校のすてきなところを伝えよう。<br><br>・北区の学校について調べる。<br>・学校のすてきなところを伝える学習計画を立てる。 | ◇１人１台端末を活用し，神戸市の９つの区を思い出すミニクイズを提示する。<br>・テストは区の名前や特徴，神戸市の広さ等を子供が思い出すことができる内容とする。<br>◇校区の特徴的な商店街の様子，車の往来が多い道路，マンション等の写真と北区の特徴的な田園風景や大きな家々を投影する。<br>・自分たちの学校のすてきなところを出し合い，共通理解できるように，学校の写真を用意しておく。<br><br>◇相手意識を具体的にもてるように，北区の学校のホームページを紹介する。 |
| 2 | ② | ○グループで学校探検をして，伝えたい学校のすてきなところを話し合いながら決める。 | ◇学校探検をしながら，場所，物，人，行事等，学校のすてきなところを写真撮影するために端末の活用を促す。<br>・一人一人が撮影し，伝えたいことを見付けられるよう，１人１台端末を用意する。<br>・１グループ３分の発表時間とするため，４，５人のグループ編成とする。 |
| | ③ | ○伝えたい理由を考えて，資料を集める。<br>・伝えたい理由を出し合って，相手に「すてき」が分かりやすく伝わるかどうかを話し合う。<br>・伝えたい理由に合わせて，資料を集める。 | ◇保存している一人一人の写真を学級で共有できるフォルダを作成し，閲覧できるように用意しておく。<br>・伝えたい人，物，事などの「すてき」が伝わる理由は具体的に説明することが必要であり，その具体性が表れている資料を選ぶことが大事であると助言する。 |
| | ④ | ○話の組み立てを考えて，発表原稿を作る。 | ・発表の組み立ては，最終的にはグループで合意を図って一つにまとめるが，子供が考えた |

| | | | |
|---|---|---|---|
| | | ・教科書p.119の「発表のれい」を参考に「初め」「中」「終わり」の組み立てを一人一人が考える。<br>・グループの組み立てを決め「初めの説明」「すてきな理由①」「すてきな理由②」「すてきなまとめ」を役割分担して，発表原稿を作る。<br>・自分の役割を意識し，画面の向こう側にいる聞き手の立場になって伝え方の工夫をする。 | 組み立てについて評価できるよう，一人一人が自分の組み立てメモを作成することとする。<br><br>◇子供たちの状況に応じて，発表原稿もPCで入力，推敲をして，グループ内4人の原稿を1枚に統一できるようにしてもよい。 |
| | ⑤<br>⑥ | ○グループで発表の仕方を確認し，練習をする。<br>・言葉の強弱や，間の取り方など話し方の工夫を確かめる。<br>・話し方の工夫を意識しながら，練習する。<br>・自分の話す様子を友達に録画してもらい，話し方の自分の課題を見付ける。<br>・発表の内容や発表の仕方を他のグループと助言し合い，気付いたことを発表原稿に記入する。 | ◇指導者用デジタル教科書で話し方の例を示したり，二次元コードの動画を見せたりして，話し方の工夫の確認をする。<br>◇児童一人一人が話す様子を録画して繰り返し自分自身の話し方を分析できるように，SKYMENUClassの使用法を確認する。<br>・一番伝えたいところは強く言ったり，資料を見てもらいたい時には間を長めに取ったりするなど，聞き手への意識を助言する。<br>・画面越しの相手に説明するので，間の取り方をより意識するよう指導する。 |
| 3 | ⑦ | ○北区の友達とお互いの学校のすてきなところを伝え合う。 | ◇オンラインで学校間交流ができるよう，設定する。 |
| | ⑧ | ○学習を振り返る。<br>・p.120の「ふりかえろう」を基に，話し合いや発表の練習で助言し合ったことを思い出し，良かったところを伝え合う。<br>・p.120の「たいせつ」「いかそう」から，今後，話をする時に自分が気を付けることをノートにまとめる。 | ・事柄について説明する時には，相手や目的を考え，伝えたいことに合う理由を挙げて話すことが大事であることをおさえる。<br>・抑揚や強弱を付けたり，聞き手を見て様子を確かめながら間を取ったりしながら話すことを様々な場面で実践するよう促す。 |

# 4　ICT を活用した指導の工夫

## ❶第２次第６時の指導

### ●話し方の目標設定に向けた，教科書二次元コードを用いたモデル動画再生機能の活用

「話すこと・聞くこと」では，録画・再生機能を効果的に活用します。まず，手本となる話し方を繰り返し見ることができ，どのように話すことが相手に分かりやすく伝えられるのか，間の取り方，抑揚，強弱，目線等についての課題を確認します。全体で学習後，子供一人一人が自分のペースに合わせて繰り返し見ることができるので，目指す姿をじっくり考えることができます。

### ●間の取り方，抑揚，強弱，目線等，具体的な自分の課題の自覚

自分の話し方を繰り返し録画します。最初に録画した映像は，課題を見付けるための自己分析用に使用します。間の取り方，抑揚や強弱の付け方，目線の方向等が自分の思っているようにできているのかを確かめます。最初に録画した映像と授業の初めに見た手本の映像とを比べ，何を改善しどのような話し方にすればよいかを友達のアドバイスと合わせて目標設定します。

### ●練習前と後の自分の話し方を比較し，自分の伸びを実感

自己課題を克服するための練習を友達と協力して行います。録画しては姿を見て確認を繰り返し，自分の話し方に変化が見られるようになるまで練習します。最終的に練習後の映像を録画し，練習前と後の自分の話し方を比較することを１時間の学習の振り返りとします。子供が，自分と他者を比較するのではなく，練習前と後の自分を比較して，話す力の伸びを実感できるようにすることを重視します。また，最終の映像は，SKYMENUClass を使って教師へ提出させ，学習成果の評価材料として活用します。

**Point**

ここでは，話す練習をすることを価値付けることが大切です。ICT を活用することで「練習すれば上手になる」という主体的に学ぶ意欲をもって練習に取り組みます。また子供からの提出映像を見ることで，これまでは難しかった話す練習時の評価を，容易に行うことができます。

## ❷第３次第７時の指導

### ●「学校のすてき」が異なる地域との交流を設定し，子供の意欲向上を持続

交流する際には，オンラインで交流する価値のある相手や場面の設定が大切です。子供同士

が現実的に交流できない遠くに位置していること，遠くに位置しているけれど共通の部分もあること，学級，学年の子供同士が交流したいと思える相手であること等の配慮が考えられます。本事例では，社会科で学習した「神戸市内」の中でも遠く離れていて，更に総合的な学習の時間に学習した「自分の地域の特徴」とは異なる特徴の学校の友達との交流を設定しました。

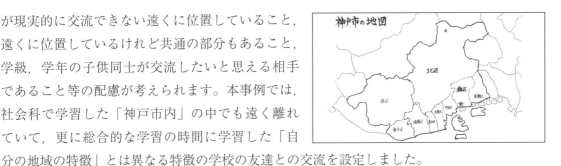

## ● Microsoft Teams を活用したオンライン交流

### 【発表編】

交流をする担任同士がチームとなり，オンライン会議を設定します。その画面をプロジェクターに映し出し，お互いの発表する姿を見られるようにします。子供たちが伝えたいことを，資料を使って発表する時に，発表原稿のどのタイミングで資料を出せばよいのかをオンラインでは特に気を遣う必要があります。どのようなカメラ割にするかは，教師の役割です。発表者の映し方等をコーディネートすることが必要となります。学習を重ね，高学年になった時に，子供自身がカメラ割を考えられるよう見通して指導します。教師がオンライン交流の在り方を示すことで，今後の学習にも生かされます。

### 【交流編】

お互いの発表を聞いて分かった「学校のすてき」の相違点や共通点を伝え合います。3年生では，学級全体での交流としていますが，学年が進むにつれて，教師の設定したチーム（双方の学校の混成）でのグループ交流をすることでより効果的な意見交換ができるようになります。また，意見を伝える時のマイクの ON・OFF 等，教師の ICT 操作をスムーズに行うことが，遠くにいながらも一緒に学習しているという意識を高める重要なポイントとなります。

**Point**

ICT を介しての交流には，教師のコーディネーターとしての役割がとても重要です。子供の発表練習では，間の取り方や，言葉の抑揚や強弱の付け方はもちろん，交流本番と同じカメラ位置や立ち位置などが確認できるような場面設定をします。そのため，担任同士が交流授業の方法やねらいなど，オンライン授業当日までに，事前打ち合わせをしっかり行っておくことも大切です。子供が「聞きたい」「伝えたい」という気持ちをもち続け，単元の最後まで，根気強く学習に取り組むことができるよう，未来を見据えた効果的な ICT 活用を考えます。

（高原純恵）

# **6** 考えを比較，分類する

ＩＣＴ：タブレット　SKYMENUClass　大型スクリーン
教材名：「山小屋で3日間すごすなら」（光村図書3年）
単元名：めざせ！わくわく・すっきり話し合い名人

## **1** 単元構想と ICT 活用のポイント

### ▶付けたい力

本単元では，次の指導事項を重点的に指導します。

〔知識及び技能〕「(2)情報の扱い方に関する事項」

「イ　比較や分類の仕方，必要な語句などの書き留め方，引用の仕方や出典の示し方，辞書
や事典の使い方を理解し使うこと。」

〔思考力，判断力，表現力等〕「A話すこと・聞くこと」

「ア　目的を意識して，日常生活の中から話題を決め，集めた材料を比較したり分類したり
して，伝え合うために必要な事柄を選ぶこと。」

「オ　目的や進め方を確認し，司会などの役割を果たしながら話し合い，互いの意見の共通
点や相違点に着目して，考えをまとめること。」

特に，様々な考えを出し合い考えを広げる話し合いにおいて，目的を意識して必要な内容を
取捨選択する能力の育成に重点を当てます。

### ▶言語活動の特徴

「山小屋で3日間すごすなら，何を持って行くかをグループで話し合う」言語活動を行いま
す。「持って行くのは5つまで」という条件のもと，「自然に親しむ」という目的に沿って必要
な持ち物を整理・分類する能力を育成するのにふさわしい言語活動です。様々な考えを出し合
う拡散型の「わくわく話し合い」と，出し合った考えをまとめていく収縮型の「すっきり話し
合い」という二つの学習活動を進めることで，話し合いの能力を身に付けることをねらいとし
ています。また第3次では，第2次で培った話し合いの能力を生かして「間近に迫った遠足で
どんな遊びをするか？何を持って行くか？」という実生活と結び付く言語活動につなげること
で，更なる習熟を図ります。

### ▶ ICT 活用のポイント

●タブレットの入力機能「発表ノート」を用い，「持ち物カード」を作る

持って行きたい物を各々が書く際には，タブレットの入力機能「発表ノート」を用い，「持ち物カード」に記します。書くことが苦手な子供も，「キーボードで打つ」，「ペンで手書きした文字をパソコン上で文字に変換する」等から選び，個に応じた入力の仕方で学習を進めることができます。

●タブレットの画面合体機能を用い，グループ内の子供と画面を共有する

「わくわく話し合い」ではグループで作った持ち物カードを，タブレットの画面合体機能を用いて共有します。互いのタブレット上で自由に持ち物カードを受け渡し操作することで，思考を整理することが容易になります。更にタブレットのグルーピング機能を用いることで，素材の関連性を見付け出して仲間分けすることもできます。

●合体した４つの画面を一つの画面として保存し，発表の際，大型スクリーンで提示する

合体した４つの画面は，一つの画像として保存されます。発表の際には大型スクリーンで，保存した画面を拡大提示します。拡大した画面を全体で共有することで，指で指し示したり，全体交流した際に出された考えを再びカードで取り入れたりすることも容易にできます。

## 2 学習指導計画

### ▶単元の目標

○比較や分類の仕方を理解し使うことができる。　　　　　　　　　　　知・技(2)イ

○目的や進め方を確認して話し合い，互いの意見の共通点や相違点に着目して考えをまとめたり，集めた材料を比較したり分類したりすることができる。　　　　　　　Aア，オ

○互いの意見の共通点や相違点に積極的に着目し，グループで話し合おうとする。

　　　　　　　　　　　　　　　　　　　　　　　　　　　　　　　　学びに向かう力等

### ▶単元の評価規準

| 知識・技能 | 思考・判断・表現 | 主体的に学習に取り組む態度 |
|---|---|---|
| ・グループで話し合うことを通して，比較や分類の仕方を理解し，話し合いの中で使っている。　　　(2)イ | ・話し合う目的や，話し合いの進め方を意識して，集めた材料を比較したり分類したりしている。　　　Aア<br>・目的や進め方を確認して持って行く物を話し合う中で，互いの意見の共通点や相違点に着目して取捨選択し，自分の考えをまとめている。　　　Aオ | ・互いの意見の共通点や相違点に積極的に着目し，話題についてよりよい結論を得るために話し合おうとしている。 |

## **3** 単元の指導計画（全5時間）

| 次 | 時 | 学習活動 | ICT導入のポイント（◇）と指導上の留意点（・） |
|---|---|---|---|
| 1 | ① | ○話し合いの経験や既習の学習を思い出し，単元の学習のめあてを設定する。<br><br>めあて<br>めざせ！わくわく・すっきり話し合い名人！<br><br>○話し合いの目的や条件を確認し，単元の見通しをもつ。<br>○目指す話し合いの姿を設定する。 | ◇次回の話し合いにスムーズに参加できるようにするため，SKYMENUClassの入力機能「学習ノート」を用いて「持ち物カード」を予めいくつか作っておく。<br>・単元のゴールを共有し，学習の見通しをもつ。<br>・「考えを広げるわくわく話し合い」と「考えをまとめるすっきり話し合い」の2種類の話し合いを経験することを確認する。<br>・「山小屋で3日間すごすなら」の教材文を読み，場所・期間・目的・持ち物の条件を共通理解する。 |
| 2 | ② | ○CDを聞いて，「考えを広げるわくわく話し合い」の仕方を確認する。<br>○したいことに合った持ち物をグループで話し合い，出されたカードを整理・分類する。<br>○振り返りカードで名人に近づけたかの評価をし，学習を振り返る。 | ◇交流後，SKYMENUClassの入力機能「学習ノート」を用いて「持ち物カード」を新たに書く。<br>◇考えを整理・分類するため，SKYMENUClassの画面合体機能・グルーピング機能を用い，持ち物カードを仲間分けする。<br>・「考えを広げるわくわく話し合い」では，①互いの考えを認め合うこと，②全員で出し合うこと，③出された考えを仲間分けして整理・分類することを「わくわく話し合い名人への道」として位置付ける。 |
| | ③ | ○CDを聞いて，「考えをまとめるすっきり話し合い」の仕方を確認する。<br>○持って行く物の決定の仕方を確認する。<br>○話し合いの目的と条件に沿って話し合う。<br>○振り返りカードで名人に近づけたかの評価をし，学習を振り返る。 | ◇考えを取捨選択するため，前時で保存したSKYMENUClassの入力機能「学習ノート」を用い，最終的に何を持って行くのか決定する。<br>・「考えをまとめるすっきり話し合い」では，①やりたいことの順番を決めること，②より多くの人がやりたいと思ったことを選ぶこと，③迷ったら目的に立ち戻って考えることを「すっきり話し合い名人への道」として位置付ける。 |

| | | | |
|---|---|---|---|
| | ④ | ○話し合いの結果を報告し合う。<br>○「話し合い名人への道」を確認し，話し合いにおいて大切なことをまとめる。 | ◇全体で共有するため子供のタブレットの画面を大型スクリーンに映し，持って行く物を発表する。<br>・「話し合い名人への道」を年間掲示し，話し合いの際にはいつも立ち戻れるようにする。 |
| 3 | ⑤ | ○「みんなで楽しめて思い出に残る遠足にする」という目的のもと，遠足でしたい遊びや持って行く物をグループで出し合う。 | ◇「持ち物カード」を作るため，SKYMENUClassの入力機能「学習ノート」を用いてカードを書く。またグルーピング機能を用いて分類・整理する。<br>・既習掲示を生かし，必要であれば「話し合い名人への道」をその都度確認する。 |

グループで様々な考えを出し合う

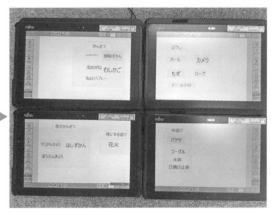

画面を合体し，整理・分類する

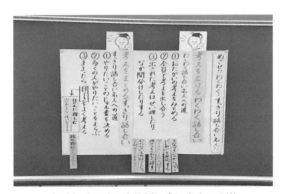

わくわく・すっきり話し合い名人への道

61

# 4　ICT を活用した指導の工夫

## ❶第１次第１時の指導

### ●一人一人が自分の考えをもつための SKYMENUClass の活用

　第１次第１時では，子供一人一人が考えをもち，次時の活動にスムーズに参加できるよう，タブレット学習支援ソフトウェア「SKYMENUClass」の入力機能「発表ノート」を用いて，考えをカードに書き表します。枚数などの制限はなく，何枚作ってもよいことを伝え，次時への話し合いの足掛かりとします。

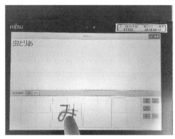

手書き入力

ローマ字入力

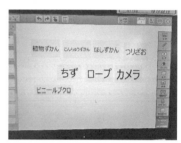

子供が書いた持ち物カード

## Point

　ここでは書くことに苦手意識のある子供や，ローマ字が定着していない子供に配慮し，様々な入力方法で入力できるようにします。キーボードでローマ字を打ち入力する，手書きで入力した文字を読み取らせる等です。本来であればノートに書き記すのですが，カードを作るという作業に慣れるため，また次時の活動でグループでの話し合いの際の土台となるよう第１次でカードを作る活動を入れます。子供が書いた発表ノートは印刷してノートに貼り，次時の話し合いで参考資料とします。

## ❷第２次第２時の指導

### ●話し合いをしながら整理・分類をするための SKYMENUClass の活用

　第２次第２時では，３，４名のグループの画面を合体させ一つの画面上で話し合いをしながら分類・整理をするために，「SKYMENUClass」を用い，画面を共有します。複数の画面を合体させて一つの画面にすることで，自分で作ったカードをそれぞれのタブレット上で受け渡しすることが可能となります。またカードの色を変えることで誰のアイデアかが分かりやすくなります。更に，整理・分類するためグルーピング機能を用いて仲間分けしたカテゴリーに名前を付け分類することで目的を意識した次時の話し合いへとつなげます。

4つの画面を合体

話し合いながら整理・分類する

完成した画面

合体した4つの画面は，自動的に一つの画面として保存されます。次時はこの画面を用いて，「すっきり話し合い」の学習を進めます。

## Point

　ここではグループで作成した持ち物カードを，4つの画面を一つにして提示することで共有し，対話を通して整理したり分類したりしていきます。「考えを広げるわくわく話し合い」における「わくわく話し合い名人への道」の三つ（①互いの考えを認め合うこと，②全員で出し合うこと，③出された考えを仲間分けして整理・分類すること）を意識しながら話し合いを進めます。

## ❸第2次第4時の指導
### ●拡大提示して全体で画面を共有する大型スクリーンの活用

　第2次第4時では，前時で保存した「山小屋へ持って行く物」を全体で共有するため，グループで話し合った結果を大型スクリーンに提示し，発表します。

## Point

　ここでは大型スクリーンを活用し，子供の作成した画面を映し出し，全体で共有します。伝えたいことを指し示したり，拡大して見やすくしたりする作業を容易に行うことができます。また本時では，他のグループからのアドバイスを受け，その場で持ち物カードを作成し，新たに加えることもできます。

（鈴木美紀）

# 7　クラブ活動リーフレットを作成する

ＩＣＴ：タブレットPC　ジャストスマイル「ワープロ」
教材名：「アップとルーズで伝える」／「『クラブ活動リーフレット』を作ろう」（光村図書４年）
単元名：伝えよう　クラブのみりょく

## 1　単元構想と ICT 活用のポイント

### ▶付けたい力

本単元では，次の指導事項について重点的に指導します。

〔知識及び技能〕「⑵情報の扱い方に関する事項」

「ア　考えとそれを支える理由や事例，全体と中心など情報と情報との関係について理解すること。」

〔思考力，判断力，表現力等〕

「Ｂ書くこと」

「ア　相手や目的を意識して，経験したことや想像したことなどから書くことを選び，集めた材料を比較したり分類したりして，伝えたいことを明確にすること。」

「ウ　自分の考えとそれを支える理由や事例との関係を明確にして，書き表し方を工夫すること。」

「Ｃ読むこと」

「ウ　目的を意識して，中心となる語や文を見付けて要約すること。」

特に，伝える相手を意識し，自らの経験から書く内容を選び，それを選んだ理由を明確にして書く能力を育成することに重点を当てます。

### ▶言語活動の特徴

「クラブ活動リーフレットを作り，３年生にクラブの魅力を伝える」言語活動を行います。来年度からクラブ活動に参加する３年生を伝える相手とすることで，子供の相手意識を明確にもたせることができます。１学期からの自分のクラブの経験を基に伝える魅力を考えるため，自らの経験から書く内容を選び出す能力を育成するのにふさわしい言語活動です。

### ▶ ICT 活用のポイント

#### ●タブレットPC を用いた写真撮影

コンピュータ室に導入されているタブレット PC を用います。それぞれのクラブに１台ずつ

配付し，子供たちがクラブ活動中に撮りたい場面の写真を自分たちで撮影します。撮りたい写真を考えることで，自分が伝えたい内容をより明確にすることができます。

● ワープロを使ったオリジナルの原稿用紙の作成

　自分たちが撮った写真を，保存されているフォルダから伝えたい魅力に合わせて選び，教師が事前に作成したリーフレットの枠に貼り付けて，自分の原稿用紙を作成します。写真を貼り付ける際に，自分で写真の大きさを変更したり，トリミングしたりすることで，自分が伝えたい内容に合った原稿用紙を作成することができます。

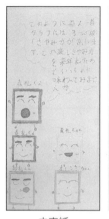

| リーフレット表紙 | 中表紙 | 裏表紙 |

## 2 学習指導計画

### ▶単元の目標

○自分が所属するクラブの魅力とその理由を関連付けて書くことができる。　　　知・技(2)ア

○目的を意識して，自分のクラブ活動での経験から書く内容を選び，それを選んだ理由を明確にして書くことができる。　　　Bア，ウ

○目的を意識して，中心となる語や文を見付けることができる。　　　Cウ

○3年生を意識して，自分のクラブの魅力が伝わる文章を書こうとする。　　　学びに向かう力等

### ▶単元の評価規準

| 知識・技能 | 思考・判断・表現 | | 主体的に学習に取り組む態度 |
|---|---|---|---|
| ・自分が所属するクラブ活動の魅力とその理由など，考えとそれを支える理由や事例との関係について理解し，文章で使っている。(2)ア | 「書くこと」<br>・3年生にクラブ活動の魅力を伝えるという目的を意識して，自分のクラブ活動での経験から伝えたい内容を選び，書くことを明確にしている。　Bア<br>・自分が伝えたい魅力とそれが伝わるような理由や経験とを関連させて書いている。　Bウ | 「読むこと」<br>・魅力が伝わる文章を書くためのポイントを見付けるという目的を意識して，中心となる語や文を見付けている。　Cウ | ・3年生を意識して，自分のクラブの魅力が伝わる文章を書こうとしている。 |

## 3 単元の指導計画（全15時間＋課外）

| 次 | 時 | 学習活動 | ICT 導入のポイント（◇）と指導上の留意点（・） |
|---|---|---|---|
| 1 | ① | ○「だれに」「どんなみりょくを」「どのようにして」伝えるか考える。 | ・３年生がクラブ活動の選択に悩んでいるという情報を提示し，自分が所属するクラブの魅力を３年生にリーフレットで伝えることを見通せるようにする。 |
| 2 | ② | 「アップとルーズで伝える」を読み，説明の仕方を考える。<br>○魅力が伝わる文章のポイントを見付けるため，教材文の写真の使い方の工夫を考える。 | ・それぞれの写真からどんな様子が伝わるか，どんな言葉でうまく説明されているかを考えさせる。 |
| | ③ | ○１～３段落から「対比」と「まとめ」の関係を見付け，自分の文章に生かせそうかどうかを検討する。 | ・「自分の文章に生かす」という目的を十分意識させ，「自分が取り入れるなら」ということを常に念頭に置いて読むように促す。 |
| | ④ | ○写真の活用や対比する書き方について，自分のクラブ活動リーフレットで使えるか考える。 | ・教科書の文の４，５段落から「アップ」と「ルーズ」の写真の使い方を確かめ，それを基に自分のクラブ活動リーフレットで利用できるかを考えさせる。 |
| | ⑤ | ○６，７段落の関係を考え，文章全体の構成についてまとめ，自分の文章にどのように生かすかを検討する。 | ・単に内容の読み取りに終わらないよう，「自分の文章に生かす」という目的を十分意識させ，「自分が取り入れるなら」ということを常に念頭に置いて読むように促す。 |
| | ⑥ | ○テレビや新聞，雑誌などから，「アップ」と「ルーズ」の写真の使い方の工夫を考える。 | ・課外でも資料を集めさせ，その資料から見付けた工夫について授業内で交流させる。 |
| 3 | ⑦ | クラブ活動リーフレットを作る。<br>○リーフレットのよさを考える。 | ・写真を使うことのメリットなどリーフレットのよさを考えさせる。 |

| | | | |
|---|---|---|---|
| ⑧ | ○文章の組み立てを考える。 | ・どんな写真を使いたいかを考えさせる。<br>・伝えたい自分のクラブの魅力を二つにするか三つにするかを自分で選択させる。 | 1・2年 |
| ⑨<br>⑩ | ○自分のクラブで写真を撮る。 | ◇タブレットPCを用いての撮影の方法などには事前に習熟させておく。<br>◇子供それぞれが使いたい写真を撮るために，各クラブに1台ずつタブレットPCを配付し，自分のクラブで写真を撮らせる。 | 3・4年 |
| ⑪ | ○自分のクラブの魅力を説明する文章の下書きを書く。 | ・「初め」「中」「終わり」に分けて下書きを書かせる。 | |
| ⑫ | ○タブレットPCを用いて写真を選択して貼り付け，原稿用紙を作成し，印刷する。 | ◇それぞれが使いたい写真を利用できるように，子供がアクセスできるフォルダに，写真をクラブごとに保存しておく。<br>◇それぞれの文章の構成に合わせて選択できるように，事前に2種類のリーフレットの枠を作成し，子供がアクセスできるフォルダに保存しておく。<br>◇課外の時間も活用し，子供の希望に応じて，画像のトリミングの方法や大きさの変更の方法を指導する。 | |
| ⑬<br>⑭ | ○印刷した原稿用紙に説明文を書き，それを友達と読み合い，推敲する。 | ・推敲する際には，読み手である3年生に伝わるかどうかという点を十分意識させる。 | 5・6年 |
| ⑮ | ○上質紙に原稿用紙を印刷し，清書する。 | ・3年生が読みやすいように，丁寧に書くよう促す。 | |
| 課外 | ○作成したリーフレットを3年生に読んでもらい，感想を書いてもらう。 | ・3年生に読んだ感想を付箋に書いてもらい，それぞれのリーフレットに貼付してもらう。 | |

# 4　ICT を活用した指導の工夫

## ❶第３次第９時，第10時の指導

### ●それぞれが考えたクラブの魅力を伝えるためのタブレット PC の写真撮影機能の活用

　第３次第９時，第10時では，子供それぞれが考えたクラブの魅力を伝えるためにタブレット PC の写真撮影機能を活用します。クラブごとに１台ずつタブレット PC を持参し，自分たちで交代しながら撮影をします。自分たちで撮影することで活動に意欲的に臨むことができ，更に子供それぞれが伝えたい魅力に合った写真をリーフレットに掲載することができます。また，どのような写真を用いればよいか考えることで，自分の考えも整理され，自分が伝えたいクラブの魅力を明確にすることができます。

**Point**

　課外の時間も活用してタブレット PC で撮影する方法を説明し，練習をする時間を設けます。本単元では，自分が伝えたいクラブの魅力と，それを伝えるためにどのような写真を撮影したいかを同じクラブの子供同士で共有させます。そうすることで，クラブの活動時間にスムーズに撮影をすることができます。また，動いている場面を撮りたい子供には，子供同士で動いている人を撮影する練習も行います。

## ❷第３次第12時の指導

### ●ワープロを用いた原稿用紙の作成

　第３次第12時では，ジャストスマイルの「ワープロ」の機能を使い，原稿用紙を作成します。ジャストスマイルの「ワープロ」は一太郎のワープロソフトです。事前に教師が作成した原稿用紙の枠に撮影した写真を貼り付けて，オリジナルの原稿用紙を作成します。

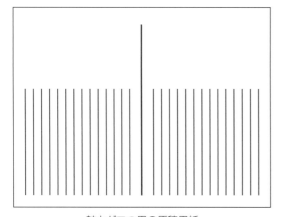

魅力が二つ用の原稿用紙

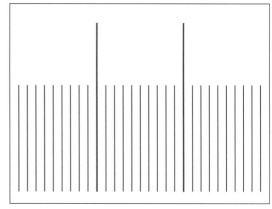

魅力が三つ用の原稿用紙

## Point

　第３次第10時で撮影した写真を，子供がアクセスできるフォルダにそれぞれのクラブごとにファイルを分けて保存しておきます。そうすることで，複数の子供がそれぞれの端末で同時に写真を閲覧することが可能になります。更に，同じように子供がアクセスできるフォルダに，伝えたい魅力が二つの場合と三つの場合の原稿用紙の枠も保存しておきます。伝えたい魅力の数に応じて，子供自身が原稿用紙を選択することで，それぞれの子供の考えに合わせた原稿用紙を作成することができます。

　〈表表紙〉にはクラブ名，〈中表紙〉には文章の「初め」の内容を書きます。「中」を〈内ページ〉，「終わり」を〈裏表紙〉に書きます。

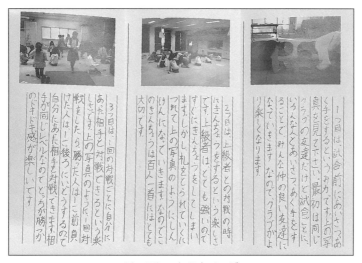

リーフレットの内ページ

ジャストスマイルのホーム画面

（松尾健太郎）

69

# 8 ファンタジー作品を読んで読書感想交流会を行う

ＩＣＴ：タブレットPC　ロイロノート・スクール
教材名：「初雪のふる日」（光村図書４年）
単元名：ファンタジー作品を読んで，読書感想交流会で伝え合おう

## 1 単元構想と ICT 活用のポイント

### ▶付けたい力

本単元では，次の指導事項を重点的に指導します。

〔知識及び技能〕「(1)言葉の特徴や使い方に関する事項」

「オ　様子や行動，気持ちや性格を表す語句の量を増し，話や文章の中で使うとともに，言葉には性質や役割による語句のまとまりがあることを理解し，語彙を豊かにすること。」

〔思考力，判断力，表現力等〕「C読むこと」

「オ　文章を読んで理解したことに基づいて，感想や考えをもつこと。」

「カ　文章を読んで感じたことや考えたことを共有し，一人一人の感じ方などに違いがあることに気付くこと。」

特に，同じ物語を読んだ人と互いの感じたことや考えたことを共有する能力の育成に重点を置きます。これまでの物語文の学習では「場面の様子」や「登場人物の行動」に着目して読み，登場人物の気持ちの変化や性格，情景などについて想像しながら読む力の育成を図ってきました。当該単元では培ってきた力を生かしてファンタジー作品を読み，「一人一人の感じ方には違いがあることに気付く」ということに重点を置くこととしました。

### ▶言語活動の特徴

「ファンタジー作品を読んで，お互いの感じたことや考えたことをはっきりさせて読書感想交流会をする」という言語活動を行います。これは「使われている言葉」や「表現」に着目して読んだり，物語の何を，どのように受け止めたかを伝え合ったりするのにふさわしい言語活動です。まず，教科書教材「初雪のふる日」で一読しての印象を書き，それを交流して比較することで一人一人の感じ方には違いがあると気付けるようにします。その後，感じ方の理由をはっきりさせるために場面の様子を表す言葉や登場人物の行動などに着目して読み，「感じたことや考えたことをはっきりさせて読書感想交流会をする」という言語活動と結び付けます。

### ▶ ICT 活用のポイント

●カラーの付箋を使って感想を書き，「提出箱」で共有する

　学級全員の感想を簡単に共有することができると，より一人一人の感じ方には違いがあることに気付くことができます。ただ，全員が挙手をして発表することは難しく，教師が全員の感想をコピーして配付するのも時間がかかります。そこで，ロイロノートの「提出箱」を活用します。明るい気持ちの感想は暖色系，暗い気持ちの感想は寒色系と感想によって色分けした付箋を活用し，無記名で提出するようにします。

●友達に「送る」機能を使って感想を交流する

　自分が選んだお気に入りの本の感想を交流する時に，交流相手は誰でもよいわけではなく，一人一人の感じ方の違いに気付くためには，それぞれが同じ本を読み，感想をもっておく必要があります。お気に入りの本で交流する場合，学級の中で選んでいる人数に偏りが出てきます。このような時は，他の学級と読書交流会をするということも考えられます。ロイロノートの「送る」機能を活用し，互いの文章を読んでの感想を送り合うことで，学級が違ったり，場所が離れていたりしていても同じ本を選んだ人同士で交流することが可能になります。

## 2　学習指導計画

### ▶単元の目標

○色々なファンタジー作品を読み，様子や行動，気持ちや性格を表す語句の量を増し，自分の感想を伝える文章の中で使い，語彙を豊かにすることができる。　　　　　　知・技(1)オ

○物語を読んで理解したことに基づいて，感想や考えをもつことや，更に同じ物語を読んだ人同士で感じたことや考えたことを共有し，一人一人の感じ方には違いがあることに気付くことができる。　　　　　　　　　　　　　　　　　　　　　　　　　　　　　Cオ，カ

○ファンタジー作品の読書感想交流会に向けて，着目した叙述を何度も読み返すなどして，感じたことや考えたことをまとめて伝え合い，それを共有し，一人一人の感じ方には違いがあることに気付こうとする。　　　　　　　　　　　　　　　　　　　　　　　　学びに向かう力等

### ▶単元の評価規準

| 知識・技能 | 思考・判断・表現 | 主体的に学習に取り組む態度 |
|---|---|---|
| ・色々なファンタジー作品を読み，様子や行動，気持ちや性格を表す語句の量を増し，自分の感想を伝える文章の中で使い，語彙を豊かにしている。　　　(1)オ | ・物語を読んで理解したことに基づいて，感想や考えをもっている。　　　　Cオ<br>・同じ物語を読んだ人同士で感じたことや考えたことを共有し，一人一人の感じ方には違いがあることに気付いている。　　Cカ | ・感じ方の理由をはっきりさせるために，場面の様子を表す言葉などに着目しながら何度も読み返したり，たくさんの友達と互いの感じ方を進んで比べたりしようとしている。 |

## **3** 単元の指導計画（全8時間）

| 次 | 時 | 学習活動 | ICT 導入のポイント（◇）と指導上の留意点（・） |
|---|---|---|---|
| 1 | ① | ○学習の見通しをもつ。<br><br>**めあて**<br>ファンタジー作品を読んで、お互いの感じたことや考えたことをはっきりさせて読書感想交流会をしよう。<br><br>○これまで学習した主な物語文を「○○な話」のように、それぞれの物語の印象を一言で表す。<br>（例　はなのみち→うきうきする話）<br>○ファンタジー作品について並行読書をしていく。 | ・「ごんぎつね」では「登場人物や物語に対する考え」をもって読むおもしろさを学んだが、今回は「感じ方の違いを楽しむ」を学ぶことをおさえる。<br>・「感じ方の違いを楽しむ」ためには、物語から受けた印象が、どの言葉や表現に着目したことから生まれているのか、そのつながりを明らかにすることが大事であることを確かめる。<br>◇教師同士のロイロノートでの読書感想交流例の紹介を基に、学習の見通しをもつ。<br>・並行読書のあらすじを紹介することで子供たちが本を手に取り読みたくなるようにする。<br>◇あらすじを紹介するモデル文は、以後の学習で活用できるよう各自のタブレットにも保存しておく。 |
| 2 | ② | ○「初雪のふる日」での読書感想交流会に向けて、物語を読み、初読の感想をワークシートに書き留める。 | ・「初雪のふる日」を読んで感じた物語の最初の印象と、そう感じた理由を書くようにする。<br>・理由を書く時には、「着目した言葉や表現」を書くようにする。 |
| | ③ | ○前時にまとめた感想をロイロノートに要約して書き留め、全体で交流し、友達がどのような感想をもったのか確かめる。 | ・同じ物語を読んでも、受ける印象は様々であることに気付くことができるようにする。<br>◇ロイロノートにあるカラーの付箋を使用することで、自分の印象を色で表現することができるようにする。<br>◇無記名で感想を表示することで安心して自分の考えを学級のみんなに示すことができるようにする。<br>◇学級全員の考えを一斉に表示する機能を使い、それぞれの感じ方には違いがあることに気付くことができるようにする。 |
| | ④ | ○友達の感想の「不思議に思ったところ」を中心に、 | ・第1次で用いたモデル文から、初め・中・終わりに何が書かれているのかをおさえる。 |

| | | | |
|---|---|---|---|
| | | 「初雪のふる日」を読み返して自分の考えをはっきりさせ，書きまとめる。 | 初め→どんな印象をもったか<br>中→着目した言葉や表現は何か<br>終わり→その言葉や表現からどんな感じを受けたか<br>・中の部分に書く内容については友達の感想の「不思議に思ったところ」を読んで，教科書教材を読み返し，「女の子の様子や気持ち」，「着目した言葉や表現」を整理していくことができるようにする。 |
| | ⑤ | ○「初雪のふる日」の読書感想交流会をロイロノートを活用して行う。<br>○交流した互いの感想について考えを対面のペアを作って伝え合う。 | ・感じたことや考えたことを比べながら，友達と交流することができるようにする。<br>◇付箋の色ごとに視点を分けて感想を送り合う。<br>①感じたことは似ているが，着目したことがちがう→赤色の付箋<br>②着目したことは同じだが，感じたことがちがう→青色の付箋<br>③感じたことも，着目したことも同じ→白色の付箋<br>④自分にはない読み方や感じ方→黄色の付箋 |
| 3 | ⑥<br>⑦ | ○並行読書してきた作品から心に残る1作品を選び，感想をまとめる。<br>（雪窓・白樺のテーブル・花のにおう町・ねこじゃらしの野原） | ・学んだことを生かしながら，自分が選んだ物語の印象をまとめていくようにする。<br>・感想を書く構成は，「初雪のふる日」と同じ形式でまとめるようにする。 |
| | ⑧ | ○他の学級を含めた同じ作品を選んだ子供同士で，ロイロノートを活用して感想交流を行う。<br>○もらったカードを読み，自分の読み方について振り返ったり，感想をもらった友達に返信したりして学習のまとめをする。 | ◇ロイロノート内に学年をオープンにしたクラスをつくり，全員が互いに感想を送り合うことができるようにする。<br>◇付箋の色分けは「初雪のふる日」と同じにする。<br>・もらったカードを1枚のシートにまとめ，何色の感想を何枚もらったのかが分かるようにさせる。<br>・どんな印象を受けた友達が多いのかを知ったり，自分にはない読み方や感じ方をしている友達の感想を読んだりして，一人一人の感じ方の違いに気付けるようにする。 |

# 4 ICTを活用した指導の工夫

## ❶第２次第２時，第３時の指導

### ●初読の感想を書きまとめたり，書いた感想を全体で見比べたりするために「カラー付箋」と「提出箱」を活用

12色の付箋

　第２時では，教科書教材「初雪のふる日」を読み，物語の印象を書きまとめる活動を行います。しかし，子供たちの中には印象を表現する語彙が少ない子もいます。そこで，ロイロノートにある12色の「カラー付箋」を使い，物語の印象を書きまとめることで，色と言葉で視覚的に分かりやすく交流できるようにします。

　この「カラー付箋」を活用することで，「お互いが物語の印象をどのようにもったのか一目で把握する」ことができます。更に，「提出箱」に全員が感想を提出することで，学級全員の考えを引き出すことができます。

　「提出箱」に子供たちの感想を提出させる際，以下のような設定にしておくことをお勧めします。

①無記名にしておく

②目隠し機能を使って全員の考えが見えないようにしておく

　まず，①の設定をしておくことで，子供たちは安心して自分の考えを提出することができます。挙手をして自分の考えを発表する場合，少数意見を発表しにくく感じたり，友達の考えに

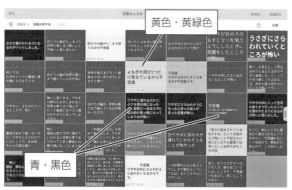

黄色・黄緑色

青・黒色

初読の感想

流されて埋もれてしまったりすることがあります。この方法を使うと，普段発表を控えている子供の意見が全体に広がり，新たな見方につながります。②の設定については，全員の感想が提出されたことを確認してから，一斉に子供たちの考えを表示することで，自分の印象と友達の印象を見比べたり，どの色が多いかを一目で把握したりするために用います。

　この方法を活用すると，「初雪のふる日」では，暗い色を選んでいる子が多くいることから初読の感想で「怖い」と感じたことが分かります。一斉に回答を共有した瞬間，子供たちは「自分と同じ暗い色を選んでいる子がたくさんいる」と気付いたり，「不思議なところがあったと感じて違う色を選んだ人もいるんだ」と驚いたりしていました。これを生かして次時から「読んで感じたことを伝え合おう」という課題をもって読んでいくようにしました。

## ❷読書感想交流会でのICT活用

交流する際，ロイロノートの「送る」機能を使って感想を送り合いました。その時に，色ごとに視点を分け，読んだ感想を送るようにします。もらった付箋を1枚のシートにまとめておくことで，何色の感想を多くもらったのかが分かります。友達の感想を読んだり，もらった付箋を一覧にしてまとめて見てみたりすると，自分の読み方を振り返ることができます。更に，自分にはない読み方をしている友達

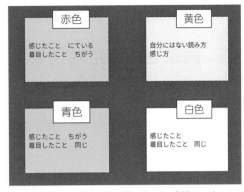

「雪窓」を読んだ子がもらった感想シート

の感想を読んだ時に，もう一度物語を読み返すきっかけにもなります。また，実際に動いて交流するわけではないので，友達の感想を読むことに集中できました。

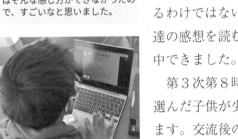

さんへ、僕は天狗が雪窓（おでんの屋台）を知っていたのが不思議に思ったけれど、　さんは、妖怪（木の精や鬼）に会った時にたぬきがおやじさんを守ったように見えたと書いていて、僕にはそんな感じ方ができなかったので、すごいなと思いました。

クラスだけでは同じ本を選んでいた人が少なかったけど，全体ですることで多くの人と交流できました。私の選んだ本では「面白い」が多くて，その「面白い」の理由の中でも間違い電話が面白いという人が多かったです。あと1組の人の「あたたかい」や「ほのぼのしている」などの表現がすてきでした。

読書感想交流会の感想

もらったカードを
読んでいる様子

第3次第8時の学年オープンの交流では，学級の中に同じ物語を選んだ子供が少なくてもたくさんの子と交流したりすることができます。交流後の振り返りでも，「色々な感じ方があると思った。」や「実際に付箋が届いた時はお手紙をもらったようでうれしかった。」など達成感を得ていました。

ただ，タイピングに苦手意識がある子にとってはこの交流の仕方では難しさを感じます。そのような時には，タイピングによる文字入力ではなく，タッチペンや指で直接字を書いて伝えることもできます。更に，「録音」機能を活用することで離れたところにいる人にも，話して交流する時と同じように簡単に自分の感想を伝えることができます。

本だけでしか描かれないとても不思議なお話だということが「現実ではありえない」という言葉から伝わったよ。

ちがう教室にいるのに，直接，言ってもらえた感じがして，うれしいな。

（小川辰巳）

第4学年【読むこと（説明文）】

# 9 興味をもった内容を要約して紹介する

ＩＣＴ：ノートPC　Chromebook　Google Meet
教材名：「ウナギのなぞを追って」（光村図書4年）
単元名：きょうみをもったことを中心に，しょうかいしよう

## 1 単元構想とICT活用のポイント

### ▶付けたい力

本単元では，次の指導事項を重点的に指導します。

〔知識及び技能〕「⑴言葉の特徴や使い方に関する事項」

「オ　様子や行動，気持ちや性格を表す語句の量を増し，話や文章の中で使うとともに，言葉には性質や役割による語句のまとまりがあることを理解し，語彙を豊かにすること。」

〔思考力，判断力，表現力等〕「C読むこと」

「ウ　目的を意識して，中心となる語や文を見付けて要約すること。」

「カ　文章を読んで感じたことや考えたことを共有し，一人一人の感じ方などに違いがあることに気付くこと。」

特に，〔思考力，判断力，表現力等〕「C読むこと　カ」の，文章を読んで感じたことや考えたことを共有し，一人一人の感じ方の違いに気付くことができるようにすることについて，重点的に指導します。

### ▶言語活動の特徴

本単元では興味をもったところを中心に，読んだ文章を要約して紹介する言語活動を行います。取り上げる文章は，今もなお，全貌は明らかにされていない未知の分野を解き明かす過程を，気の遠くなるような年月を凝縮して時系列で述べたものです。そのため，読み手それぞれが興味をもった場面を中心に，内容を要約して紹介することに適しています。

### ▶ ICT活用のポイント

#### ● Google Meet を用いてゲストティーチャーによる講演を聞く

「ウナギのなぞを追って」は，ウナギのなぞを明らかにするべく，研究に研究を重ねた過程が時系列で述べられています。その研究に要した期間とその苦悩は子供の想像を絶するほどです。本事例の実践では，東京大学で筆者の塚本勝巳氏とともにウナギの漁場でウナギの謎を追った経験のある宮井猛士氏を Google Meet を活用して招聘し，塚本氏をはじめとする研究グ

ループが，研究にかけた思いや苦労をうかがい知ることができました。Google Meet のように遠隔同時双方向通信のアプリケーションを使えば，世界中のゲストティーチャーと瞬時につながることができ，多くの情報を得ることができます。特に，宮井氏が語るそれは，現地で様々なことを見聞きした，研究者としての血の通った生の声です。それが，子供たちにとって明確に目的を意識して要約する際の助けとなり，同時に文章に興味をもって深く読み解く鍵にもなります。

● Google Classroom を使って，学年全員で一つの課題を共有する

　ゲストティーチャーからの講話の後，疑問に思ったことを Google Classroom を使って質疑することで，参加者全員の疑問と，ゲストティーチャーからの回答を全て共有できます。本教材の付けたい力の一つである，「文章を読んで感じたことや考えたことを共有し，一人一人の感じ方などに違いがあることに気付く」力の育成に役立てることができます。

## 2 学習指導計画

### ▶単元の目標

○自分の興味の中心に沿って，大事な言葉や文を見付けながら内容を読んで語彙を豊かにし，それを活用して要約して紹介文を書くことができる。　　　　　　　　　　知・技(1)オ　Cウ

○文章を読んで感じたことや考えたことを共有し，一人一人の感じ方などに違いがあることに気付くことができる。　　　　　　　　　　　　　　　　　　　　　　　　　　　　Cカ

○文章を読んで理解したことに基づいて，進んで感想や考えをもち，自分の興味の中心に沿って教材文を紹介する文章を書こうとする。　　　　　　　　　　　　　　学びに向かう力等

### ▶単元の評価規準

| 知識・技能 | 思考・判断・表現 | 主体的に学習に取り組む態度 |
|---|---|---|
| ・自分の興味の中心に沿って，大事な言葉や文を捉え，それを紹介文で用いて語彙を豊かにしている。　(1)オ | ・自分の興味の中心に沿って，中心となる語や文をゲストティーチャーによる講話を手掛かりに探し出し，要約している。　Cウ<br>・文章や講話から感じたことや考えたことを基に紹介文を書き，お互いに紹介する中で，一人一人の感じ方などに違いがあることに気付き，言及している。　Cカ | ・紹介文を友達に伝える時に気を付ける点について，自分のそれまでの伝え方を振り返りながら，書いて伝えようとしている。 |

## **3** 単元の指導計画（全8時間）

| 次 | 時 | 学習活動 | ICT導入のポイント（◇）と指導上の留意点（・） |
|---|---|---|---|
| 1 | ① | ○単元のめあてと課題を設定する。<br>・学習の見通しをもち，学習計画を立てる。 | |

単元のめあて　きょうみをもったことを中心に，しょうかいしよう。

| 次 | 時 | 学習活動 | ICT導入のポイント（◇）と指導上の留意点（・） |
|---|---|---|---|
| | | ・教師の範読を聴き，興味をもったところを中心に感想を書く。 | ・第2次で「自分の興味の中心に沿って，大事な言葉や文を見付けながら内容を読み，それを活用して要約して紹介文を書く」ことにつながるよう見通して感想を書くように促す。 |
| | ② | ○感想を発表し合い，自分と友達の興味の中心の違いを確かめる。 | ・第2次で「感じたことや考えたことを共有し，一人一人の感じ方などに違いがあることに気付くことができる」よう，一読しての感想を発表し合い，興味をもつ場面やその理由に違いがあることを確認する。 |
| 2 | ③ | ○興味をもったことを紹介することに向けておおまかな文章構成と，「初め」「終わり」の内容を捉える。 | ・年月を表す記述を手掛かりにどのくらいの年月が経っているのかを確認し，子供たちが生きてきた時間よりも長い，気の遠くなる年月であることを確かめ，自分だったらという視点で読ませた上で内容の大体をつかませる。 |
| | ④ | ○「中」の内容を捉える。 | ・もっと知りたいことや，興味のあることについて該当する箇所に線を引かせたり，その理由を記述させたりして，自分の興味がある場面とその根拠を焦点化させる。 |
| | ⑤ | ○ゲストティーチャーによる講話を聞き，自分の興味の中心に沿って内容を要約する。 | ◇Chromebook の Google Meet を活用し，塚本氏とウナギのなぞを一緒に追った宮井氏による講話を聞くことで，文章の内容の理解を深めたり，当時の研究グループの思いや苦悩を直接受け取ったりすることができる。 |

| | | | |
|---|---|---|---|
| | | | ◇Google Meet では，宮井氏と4学年90名がそれぞれPC上でつながり，「挙手する」ボタンを活用することで，双方向通信をすることができる。留意点として，ハウリングを避けるため，発言する子供以外のマイクを切っておく必要がある。画面の共有設定の際にマイク画像をオフにする。 |
| | ⑥ | ○ゲストティーチャーに質問したことを基にして，自分と友達の興味の中心の違いに気付く。<br>・興味をもったことに沿って大事な言葉や文を書き出し，整理する。 | ◇Chromebook の Google Classroom を活用し，宮井氏に質問したいことを課題として提示する。質問事項は宮井氏と学年の子供たち全員が共有でき，回答もその場で活字として目にすることができる。音声表現だと聞き取れなかったり，情報として漏れてしまったりすることも，活字で回答が得られることにより，自分にとって大事な事柄を取りこぼすことなく，要約と紹介文に役立てることができる。また，その場では理解できなかったことでも，後から読み返すことが可能なため，思考の整理をしながら理解をより深めることができる。<br>◇自分の興味の範囲外でも，学年全員分の疑問を共有できるため，一人一人の感じ方などに違いがあることにも気付くことができるとともに，自身の後の要約及び紹介文に反映することができる。 |
| | ⑦ | ○紹介文の構成を確かめる。<br>・興味をもったことに沿って本文や講話から得られた情報を要約し，自分の感想を加えた紹介文を書く。 | ・「ウナギのなぞを追って」を相手に紹介するためには，段落の「初め」に教材文が「どんな話」なのかを要約したものを，段落の「中」では，「自分の興味の中心となる」部分の要約を，段落の「終わり」には，「感想」を書くことで，読み手に対して伝わりやすい文章となることを確認する。<br>・自分の興味の中心がブレてしまう時には，第2次第4時で学んだことを振り返らせる。 |
| 3 | ⑧ | ○紹介文を読み合い，感想を伝え合う。<br>・単元の学習を振り返る。 | ・紹介文を読んで，「ウナギのなぞを追って」から感じたことや考えたことには違いがあることに気付かせる。更に，その違いに対し，改めてその友達の視点でリライトして考えてみたら，どのような考えが浮かぶかということにも言及する。様々な視点から物事を考えられる力を育成する。 |

# 4　ICT を活用した指導の工夫

### ❶第２次第５時の指導
#### ●ゲストティーチャーが世界中のどこにいても学べる学習ソフト Google Meet の活用

　第２次第５時では，かつて学生時代に塚本氏とウナギのなぞを一緒に追った宮井氏による講話を聞くことにより，教材文の内容の理解をより深めることができるとともに，その時の研究グループの研究への思いや苦悩について，教科書本文からはうかがい知ることのできない塚本氏の思いを感じることができます。

### Point

　Google Meet を使うと，一最大100名の参加者が画面上に集うことができます。今回は，３クラス＋指導者が Google Meet 上に集いました。指導のポイントとして，発言者以外はマイクをオフにしておくこと，発言する時には「挙手をする」ボタンを押して発言するなど，当日 PC の不具合によって講話が滞らないよう，事前にルールを明確にしておくことが重要です。

【指導の実際】

| | |
|---|---|
|  |  |
| 　上記のように画面が分割され，それぞれの学級の様子が映し出されています。講師の宮井猛士氏（写真左下）は，パワーポイントの資料を中心に，懇切丁寧に子供たちに語りかけながら，双方向でのやり取りを重視してくださいました。 | 　パワーポイントの資料によって，子供たちの理解がより深いものとなりました。調査方法や実際の調査の様子だけでなく，塚本氏の生き方や考え方，夢や目標を達成するためにはどうしたらよいのか等，未来の生きる指針となるような素晴らしい講話でした。 |

## ❷第２次第６時の指導

### ●感じたことや考えたことを共有し，一人一人の感じ方の違いに気付くことができる Google Classroom の活用

第２次第６時では，宮井先生に質問したいことを Google Classroom 内で質問することにより，その場で回答が得られると同時に，どの子がどのような興味や疑問をもっているかを活字として共有できるため，その後の自身の思考の整理にも役立てることができます。

### Point

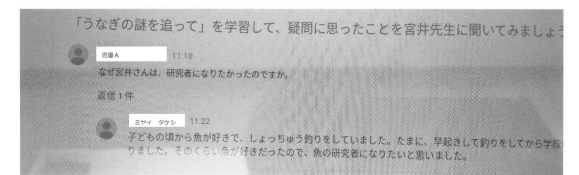

写真のように，Google Classroom を活用すると，疑問に思ったことを掲示板上で質問することができます。友達の質問は自分の画面上にも反映されるため，友達がどんな質問をして，どのような回答が得られたのかが一目で分かります。また，質疑応答は耳で聞いてそのまま消えてしまうのではなく，活字としてその後も保存されて残るため，紹介文を書く際にも自身の文章作成に役立てることができます。

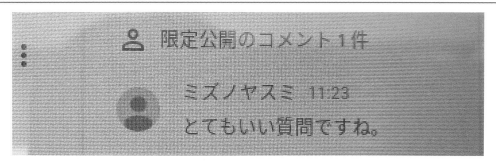

担任が学級の子供に対してフィードバックをしたり，評価したりすることができます。また，子供へ出す課題は，予め Google ドライブ内に作成しておいたファイルを挿入して方法を例示したり，締切日を設定したりすることができます。更に，締切日が近づくと，課題一覧と締切日が子供の PC 上に表示されます。教師側の PC 上では，誰がいつ課題を提出したかをチェックすることができます。

（彦島康美）

# 10 他校の５年生に解説プレゼンテーションをする

ＩＣＴ：タブレット　Zoom
教材名：「和の文化を受けつぐ──和菓子をさぐる」（東京書籍５年）
単元名：大阪独特の文化を解説プレゼンテーションしよう

## 1 単元構想と ICT 活用のポイント

### ▶付けたい力

本単元では，次の指導事項を重点的に指導します。
〔知識及び技能〕「(1)言葉の特徴や使い方に関する事項」
　「イ　話し言葉と書き言葉との違いに気付くこと。」
〔思考力，判断力，表現力等〕
　「A話すこと・聞くこと」
　「ア　目的や意図に応じて，日常生活の中から話題を決め，集めた材料を分類したり関係付けたりして，伝え合う内容を検討すること。」
　「C読むこと」
　「ウ　目的に応じて，文章と図表などを結び付けるなどして必要な情報を見付けたり，論の進め方について考えたりすること。」
　特に，大阪独特の文化の魅力を解説するにはどんな材料を集めるかを考え，材料を分類したり関係付けたりして，プレゼンテーションの内容を検討する能力の育成に重点を当てます。

### ▶言語活動の特徴

　「自分が選んだ大阪独特の文化の魅力について図書資料などで調べ，プレゼンテーションで解説する」という言語活動を行います。自分が選んだ大阪独特の文化の魅力について相手の納得を促すために，言語表現に加えて図や表や具体物などの資料を用いて伝える活動は，「情報と情報とを関連付けながら話す」，「目的や意図に応じて，事柄が明確に伝わるように表現を工夫して話す」，「目的に応じて，文章と図表などを結び付けるなどして必要な情報を見付けて読む」といった能力を育成するのにふさわしい言語活動です。

### ▶ ICT 活用のポイント

#### ●タブレットの録画機能を使っていつでも教師のモデルを確認できるようにする

　単元の第１次第１時で，目指すゴールである「解説プレゼンテーション」の特徴を具体的に

つかめるように，教師が子供に解説プレゼンテーションを行います。また，学習を進めていく中で，言葉の言い回しに迷ったり写真や図の提示の仕方に困ったりすることがあります。そこでいつでもモデルを見返して分析できるようにモデルを録画して保存しておきます。子供たちがそれを1人1台端末で何度も繰り返し再生して確認したり，途中で止めて自分のプレゼンテーションに必要なところを重点的に確認したりできるようにします。

● タブレットの録画機能を使ってプレゼンテーションの練習をする

　解説プレゼンテーションの練習の際，録画機能で自分のプレゼンテーションの様子を確かめられるようにします。相手に解説をする時にどんな順番なら相手によく伝わるのか，どのような言葉でつないだら分かりやすいのか，どのような場面で写真や図を提示したらよいのかなどを自分のプレゼンテーションを客観的に見て気付くことができるようにします。

● タブレットの録画機能を使って友達からアドバイスをもらう

　同じテーマを調べている子供からアドバイスをもらう際，再生機能を使って自分の解説で困っているところやアドバイスがほしいところを具体的に相手に伝えられるようにします。録画を見せてアドバイスがほしいところを伝えることで，自分がどの部分を改善したいのか途中で動画を止めながら詳しく説明することができ，相手に分かりやすく伝わります。また，アドバイスをする子供も自分が聞き手になりきり，動画を何度も繰り返し確認することで相手のプレゼンテーションの中で分かりにくいところなどを見付け，アドバイスをすることができます。

## 2 学習指導計画

### ▶単元の主な目標

〇大阪独特の文化の魅力を解説するという目的をもち，必要な情報を見付けて読んだり，話の内容が明確になるように文章と図表などを結び付けたりすることができる。　　　Aア，Cウ

### ▶単元の評価規準

| 知識・技能 | 思考・判断・表現 | | 主体的に学習に取り組む態度 |
|---|---|---|---|
| ・話し言葉と書き言葉との違いに気付いてプレゼンテーションの言葉遣いを工夫している。　(1)イ | 「A話すこと・聞くこと」<br>・大阪独特の文化の魅力を解説するために，集めた材料を分類したり関係付けたりして，プレゼンテーションの内容を検討している。　　Aア | 「C読むこと」<br>・大阪独特の文化の魅力を解説するために，文章と図表などを結び付けるなどして必要な情報を見付けている。　　Cウ | ・大阪独特の文化の魅力を効果的に伝えることに関心をもち，情報を集めたり構成を工夫したりしようとしている。 |

**3** 単元の指導計画（全14時間）

| 次 | 時 | 学習活動 | ICT 導入のポイント（◇）指導上の留意点（・） |
|---|---|---|---|
| 1 | ⓪ | ○大阪に関する本を読んだり，資料を見たりする。 | ・子供たちの「学びたい」，「伝えたい」という思いを引き出す。 |
| | ① | ○本単元のゴールであるプレゼンテーションの特徴をつかむために教師のプレゼンテーションを聞く。 | ・その土地独特の文化の魅力をプレゼンしている姿をモデル提示する。◇タブレットにモデルの動画を残しておき，何度も繰り返しモデルを分析することができるようにする。 |
| | | めあて<br>大阪独特の文化を解説プレゼンテーションしよう。 | |
| | | ○プレゼンテーションに向かってどんな準備が必要なのかを話し合い，前単元の学習計画を振り返りながら本単元の学習計画を学級全体で立てる。 | ・学習の見通しを立てられない子供には，前単元の学習計画を振り返り，本単元で使えそうなものを考えさせる。 |
| | ② | ○自分が解説したい大阪独特の文化を決め，単元の見通しを立てる。 | ◇タブレットに前単元の学習計画表やその振り返りのデータを蓄積し，自分の学習履歴を振り返りやすくする。 |
| 2 | ③<br>④ | ○教材文「和の文化を受けつぐ」を読んだり，教師のプレゼン原稿を分析したりして，文の構成，説明の観点，資料の効果などについて話し合う。 | ・自分のプレゼンテーションに生かせる工夫を見付けるために文章を読むという目的を明確にする。 |
| | ⑤ | ○自分が選んだ「大阪独特の文化の魅力」について図書資料や新聞記事などで調べ，解説する観点を考える。 | ・教材文や教師のプレゼン原稿を参考にし，自分が一番伝えたいことは何かを意識させる。 |
| | ⑥<br>⑦ | ○自分が選んだ「大阪独特の文化の魅力」について図書資料や新聞記事などで調べ，伝える材料を集める。 | ・資料を全て読み込むのではなく，目次や見出しを活用して，自分にとって必要な情報かを判断するよう意識させる。◇図書資料や新聞記事では足りない情報をタブレットを使って調べられるようにする。インターネット上にはたくさんの情報があるため，作成者が分かるものや投稿日時が新しいものなど，いくつか似たような情報を比べて，正しい情報を見極めるよう伝える。 |

| | | | |
|---|---|---|---|
| | ⑧ | ○魅力を伝えるために必要な材料を選んで整理したり，足りない材料を追加したりする。 | ・同じ内容または近い内容を選んだ友達同士でグループを組み，情報交換しながら進められるようにする。 |
| 3 | ⑨ | ○教師のプレゼンテーションを聞いたり，プレゼン原稿を読んだりして，効果的な話し方や資料提示の仕方について話し合う。 | |
| | ⑩ ⑪ | ○フリップやプレゼンメモを作ったり，タブレットを使ってプレゼンの練習をしたりする。 | ・プレゼンメモは教師のアナウンス原稿を参考にし，プレゼンテーションが棒読みにならないよう，大きな字で短く書くことを意識させる。<br>・繰り返し声に出して練習させる。<br>◇プレゼンテーションを録画して見返しながら解説で分かりにくいところなどを見付け，改善していくよう伝える。 |
| | ⑫ ⑬ | ○プレゼンテーションを聞き合ってよさや改善点を交流し，修正したり仕上げたりする。 | ・聞き手のことを考えながらプレゼンテーションができるように，自分が他の人のプレゼンテーションを聞く時，どんなことを意識して聞くかを思い浮かべてみるよう伝える。<br>◇自分が困っていることを相手に具体的に伝えるために練習プレゼンテーションの動画を見せながら，「ここ分かりやすい？」，「どう改善したら伝わると思う？」などと交流する。 |
| 4 | ⑭ | ○プレゼンテーションをする。<br>○単元の学習を振り返り，身に付いた力，今後に生かしたいことをまとめる。 | ◇Zoomを使って，プレゼンテーションをする。その場で，相手の反応を見て，少しプレゼンテーションの内容や言葉を変えてもよいことを伝える。<br>◇自分のプレゼンテーションを見て，最初のプレゼンテーションから成長しているところなどを見付けて振り返りを書くように伝える。 |

# 4　ICT を活用した指導の工夫

## ❶第１次第１時，第２時の指導

### ●教師のモデル提示と子供自身による活用

　第１次第１時，第２時では，単元のゴールである「解説プレゼンテーション」の特徴をつかむため，教師がその場で他の地域の文化の解説プレゼンテーションを行います。その際，淡々と説明するだけのプレゼンテーションと対比させて提示することで，「解説」の特徴を明確につかめるようにします。こうした特徴の把握をより確実に行えるようにするため，教師によるモデルは録画し，子供たち自身が必要に応じて再生できるようにします。一度見ただけでは分からなかった解説プレゼンテーションの細かい特徴をつかませることが可能になります。

### Point

　子供一人一人が見通しをもって主体的に学習を進めていくには，自分たちが目指すゴールを明確につかむとともに，ゴールに向かって自分が今何をすべきなのかを判断したり選択したりできるようにすることが大切です。そこで，モデルの映像については子供自身が困った時や迷った時など，いつでも立ち戻って確認し，その効果を実感して更に学び方を自己調整できるよう意識付けていきます。

## ❷第３次第10時，第11時の指導

### ●録画・再生機能を活用した自己評価や相互評価の工夫

　第３次第10時，第11時では，プレゼンテーションの練習を行います。声に出して練習をする中で，自分の言葉が残るようタブレットで録画をし，自分のプレゼンテーションがどのようなものになっているのかを再生機能を使って確かめていきます。また，他の子供と自分のプレゼンテーションが分かりやすいかどうかや困っていてアドバイスがほしいなどの目的で交流する時にも，録画したものを使います。

### Point

　指導の際には，特に確認すべき点を子供たちと共有します。書き言葉の中には音声言語になったら相手に伝わりにくいものもあります。聞き手が初めてそのテーマに出合う時は，知らない言葉が多いこともあります。そこで，その内容についての解説を初めて聞く相手にも，対象の魅力を感じてもらえる解説になっているか，という観点から，相手に伝わりやすいプレゼンテーションをするために何度も声に出して練習し，自分の話し方を確認し直すようにします。

　また，自分だけでは解決できない時には，同じテーマの子供にアドバイスをもらったり，実際に聞き手になりきってもらったりして，改善点を交流します。その際，ただ「困っている」と伝えるだけでは的確なアドバイスがもらえないため，自分がどこで困っているのかを相手に明確に伝えるようにします。その際，録画再生機能を活用し，「ここが相手に分かりにくそう

なんだけどどう言ったら分かりやすい？」，「ここの内容，意味分かった？」などと具体的に相手に聞くようにします。アドバイスする側もポイントを絞って助言できるようになります。

### ❸第４次第14時の指導
#### ●相手を意識してプレゼンテーションするための Zoom の活用
　第４次第14時では，実際に目の前に相手がいることを意識して，相手の反応を見ながら解説プレゼンテーションをすることができるように，Zoom を使用し，自分の地域以外の５年生に向けて，プレゼンテーションを行います。

**Point**

　プレゼンテーションに付随する特徴として，質疑応答があることや目の前に相手がいて，反応があることを意識させます。自分のペースで解説プレゼンテーションを進めていくのではなく，相手の反応を見ながら少し待ってみたり，尋ね方を変えてみたりと，その場で臨機応変に変更していくことも大切であることに気付かせます。また，プレゼンテーションの最後に質疑応答があることから，何を質問されても答えられるくらい情報を集めるとともに，大好きなテーマ，一番伝えたいテーマ，自分が熟知しているテーマを選ぶことが重要になります。

他の地域の５年生に向けて Zoom で解説プレゼンテーションをする子供

（森あかね）

# 11　提案するスピーチを行う

ＩＣＴ：2in1PC　ロイロノート・スクール
教材名：「提案しよう，言葉とわたしたち」（光村図書５年）
単元名：事実と感想・意見とを区別して，説得力のある提案をしよう

## 1　単元構想とICT活用のポイント

### ▶付けたい力

本単元では，次の指導事項を重点的に指導します。

〔知識及び技能〕「(1)言葉の特徴や使い方に関する事項」

「ア　言葉には，相手とのつながりをつくる働きがあることに気付くこと。」

「オ　思考に関わる語句の量を増し，話や文章の中で使うとともに，語句と語句との関係，語句の構成や変化について理解し，語彙を豊かにすること。（略）」

〔思考力，判断力，表現力等〕「Ａ話すこと・聞くこと」

「イ　話の内容が明確になるように，事実と感想，意見とを区別するなど，話の構成を考えること。」

「ウ　資料を活用するなどして，自分の考えが伝わるように表現を工夫すること。」

特に，自分の立場や結論などが明確になるように，事実と感想，意見とを区別して話の構成を考える能力の育成に重点を当てます。

### ▶言語活動の特徴

「言葉の使い方について提案スピーチをする」という言語活動を行います。提案とは，相手に実際にそのように行動してもらうための具体案です。説得力のある提案をするためには，日常生活での言葉の使い方について，課題だと感じることから提案理由や内容を考え，根拠を示して自分の考えを話すことが大切です。したがって，話の内容が明確になるように，事実と感想，意見とを区別して話の構成を考える能力を育成するのにふさわしい言語活動です。

### ▶ICT活用のポイント

●ロイロノートのアンケート機能を使って，提案するために必要な情報を集める

根拠を明確にして提案スピーチをするために，日常生活で使っている言葉について，現状や子供たちの意識を調べるためにアンケートによる調査を行います。学級全員が一斉にアンケートを行うと，作成や回収などに時間がかかってしまいます。そこで，ロイロノートのアンケー

ト機能を使って，短時間で情報を集められるようにします。

●ロイロノート上でカードを操作して，構成メモを作る

　カードにテキストを入力してメモを作ります。提案理由となる事実は青色，提案内容となる具体的意見は赤色，というようにカードを色分けすることで，それらを区別できるようにします。ロイロノートを使うと，これらのカードの順番を入れ替えたり，カードの内容を変更したりすることが容易にできます。更に，構成メモをロイロノート上で友達と共有することによって，具体的に助言し合い，より説得力のある構成を考えることができます。

## 2 学習指導計画

### ▶単元の目標

○言葉には，相手とのつながりをつくる働きがあることに気付き，思考に関わる語句の量を増し，語彙を豊かにすることができる。

知・技(1)ア，オ

○話の内容が明確になるように，事実と感想，意見とを区別して話の構成を考え，資料を活用しながら，自分の考えが伝わるように表現を工夫することができる。

Aイ，ウ

○説得力のある提案をするために，見通しをもって構成を考えたり表現を工夫したりするとともに，身に付けたことを振り返り，今後何が必要かを自覚しようとしている。

学びに向かう力等

### ▶単元の評価規準

| 知識・技能 | 思考・判断・表現 | 主体的に学習に取り組む態度 |
|---|---|---|
| ・言葉には，相手とのつながりをつくる働きがあることに気付いている。　　(1)ア<br><br>・思考に関わる語句の量を増し，提案スピーチの中で使っている。　　　　(1)オ | ・提案スピーチの内容が明確になるように，提案理由となる事実と提案内容となる具体的意見とを区別して話の構成を考えている。　Aイ<br><br>・資料を活用して，提案理由や提案内容が伝わるように表現を工夫している。　Aウ | ・説得力のある提案をするために，身に付けたことを振り返り，今後何が必要かを自覚しようとしている。 |

# 3 単元の指導計画（全6時間）

| 次 | 時 | 学習活動 | ICT導入のポイント（◇）と指導上の留意点（・） |
|---|---|---|---|
| 1 | ① | ○これまでに提案した経験を振り返る。 | ◇提案した経験を具体的に振り返ることができるように，総合的な学習の時間にロイロノートで作成した地域をよりよくするための提案（音声入りのスライド）を視聴する。<br>・みんなに選ばれた提案は，どんなところが優れていたのか話し合い，具体的で実行可能なことなど，説得力のある提案をするために必要なことを確かめられるようにする。 |
| | | ○モデルのスピーチを聞いて，学習課題を設定する。 | ・モデルのスピーチは文字化して，必要に応じて内容や構成を確かめられるようにする。 |
| | | 学習課題　提案理由となる事実と提案内容をはっきりさせて，説得力のある提案をしましょう。<br>　　　　　〜あなたの心にグッとスピーチ〜 | |
| | | ○説得力のある提案をするために必要なことについて話し合い，学習計画を立てる。 | ・総合的な学習の時間に提案してうまくいかなかった経験を踏まえ，教科書を参考にして立てられるようにする。 |
| 2 | ② | ○日常生活で使っている言葉について振り返り，提案したいことを決める。<br>○アンケートの内容，本やウェブサイトで調べたいことについて考えるなど，情報を集める準備をする。 | ◇日常生活で使っている言葉について，現状や子供たちの意識を調べるために，ロイロノートのアンケート機能を使って作成する。<br>・チャートを用いて，提案内容と毎日使っている言葉の使い方について課題だと感じることと，アンケートの質問項目とがつながっているか確かめられるようにする。 |
| | ③ | ○お互いのアンケートに答える。<br>○アンケート結果を見て分かったことを書き出す。<br>○本やウェブサイトなどから提案のための情報を集める。 | ◇日常生活で使っている言葉についての現状や子供たちの意識について分かったことを書き出すために，ロイロノートのアンケート機能を使って集計（棒グラフ）を見る。<br>・一般的な事実や，全国の実態を調べる場合，インターネットや本，新聞を使って調べる。 |

| | | | |
|---|---|---|---|
| | ④ | ○提案スピーチの内容や構成を考える。 | ◇話の構成を考えるために，ロイロノートを使って構成メモを作成する。ICT機器を使うことで，メモの内容や順番を容易に変更することができる。<br><br>・提案理由となる事実は青色のカード，提案内容となる具体的意見は赤色のカードに書き込むことで，それらを区別することができるようにする。 |
| | | ○提案スピーチに必要な資料を作成する。 | ◇提案スピーチの資料を作るためにロイロノートを使い，提案理由や提案内容などについてキーワードをスライドにまとめる。アンケート結果（棒グラフ）をスクリーンショットしておくと，資料作成の時間を削減することができる。 |
| | ⑤ | ○提案スピーチをする。 | ◇自分の伝えたいことを明確にして提案できるように，ロイロノートで資料やキーワードを示しながらスピーチをする。必要に応じて拡大したり，印を付けたりして視覚的に分かりやすくする。<br><br>・聞き手は提案内容だけでなく，説得力のある話し方についてもメモをして，次の時間につなげられるようにする。 |
| 3 | ⑥ | ○スピーチを聞いて感じたことを伝え合う。 | ◇必要に応じて繰り返しスピーチを聞くことができるように，ロイロノートのスライドに音声を録音することも考えられる。そのことによって，自分で聞き直したり，その場にいなかった人（他学級の友達など）に聞いてもらったりして，具体的に振り返ることができる。 |
| | | ○単元の学習を振り返り，身に付けた力や今後必要なことについてまとめる。 | ◇関連単元や次年度の同単元の導入で録音入りのスライドを視聴することで，単元の見通しをもつことができる。 |

# 4　ICT を活用した指導の工夫

## ❶第２次第２時，第３時の指導

### ●効率的に情報を収集し，整理するためのロイロノートの活用

　第２次第２時では，日常生活で使っている言葉について，現状や子供たちの意識を調査する

ためのアンケートを作成します。ロイロノートのアンケート機能では，選択式，自由記述式いずれのアンケートも作成することができます。

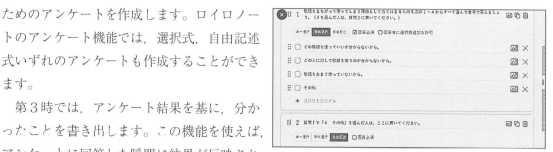

　第３時では，アンケート結果を基に，分かったことを書き出します。この機能を使えば，アンケートに回答した瞬間に結果が反映され，棒グラフに表されます。ICT を活用すると，用紙の印刷や配付，回収などの時間を削減できます。アンケートの結果は，提案を支える事実として，スピーチの中で大きな役割を果たします。作成された棒グラフは，提案内容などとともに提示資料としても活用できます。

□ロイロノートのアンケート作成画面

> このクラスでは，敬語の使い分けが難しいと考えている人が多いな。敬語を使う場面がイメージできる方法はないかな。

### Point

　アンケートは提案理由となる事実をつかむために行います。そこで作成段階では，自分の伝えたいことを明確にして提案できるように，アンケートの質問や選択肢が，解決したい課題や提案内容に合ったものになっているか確かめるようにします。

## ❷第２次第４時の指導

### ●提案理由となる事実と提案内容となる意見とを区別して構成を考えるためのロイロノートの活用

　事実は青色，感想・意見は赤色のカードに書いて構成メモを作成します。色分けをしているので，事実と感想・意見が区別できているか，それぞれのバランスは適切か

| 終わり | 中 | | | | | | 初め | | 言 |
|---|---|---|---|---|---|---|---|---|---|
| まとめ | 提案の理由と根きょ | | | | | | 提案内容 | 提案のきっかけ現状の問題 | メモ |
| いろいろな場面の四コマンガをいっしょに作って，楽しく敬語を覚えてみませんか？ | 相手や場面によって使い分けることが大切。 | 「先生方申しました」ことは，・・・，と使ってしまったことがある。 | 尊敬語とけんじょう語を逆にして使ってしまう。※敬語とけんじょう語の説明 | ※敬語の種類ごとに４コマンガを作る。 | 「アンケート結果」どの敬語を使っていいか分からないと回答した人十八人（最も多い） | 楽しく覚えることができる。 | 場面が想像しやすい。 | 四コマンガで敬語を覚える。 | い。敬語の使い方が分かっていない人が多 | |

などが視覚的に分かりやすくなります。「話すこと・聞くこと」だけでなく，単元の進め方が似ている「書くこと」の指導においても活用することができます。

**Point**

　ロイロノートを使えば順番の並べ替えや，記述内容の変更が容易に行えます。構成メモ全体を見渡すことで，事実の後に感想・意見を書き足したり，集めた情報が不十分なのでウェブサイトなどで再調査したりするといった主体的な姿につなげられるようにします。

## ❸第２次第５時の指導

### ●視覚的に分かりやすい提案をするためのロイロノートの活用

　音声言語だけでは聞き手が理解しにくかったり，誤解を招きそうだったりする場合には，資料を使いながら話すことが効果的です。ロイロノートでスライドを作り，それを示しながら話すことで，説明を補足したり，伝えたいことを強調したりできるようにします。

4コマンガで
敬語を使いこなせ
るようになろう！

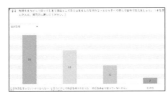

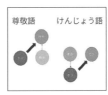

4コマンガで
敬語を使いこなせ
るようになろう！

ロイロノートのスライド機能

## ❹第３次第６時の指導

### ●身に付けた力について具体的に振り返るためのロイロノートの活用

　スピーチを録音し，スライドとともに残すことで，自分のスピーチを聞き直すことができ，身に付けた力について具体的に振り返ることができます。

---
本時の評価規準（主体的に学習に取り組む態度）
　説得力のある提案をするために，身に付けたことを振り返り，今後何が必要かを自覚している。
---

---
B規準（おおむね満足できる姿）に到達しているノートの記述例
　説得力のある提案をするために，あいさつの大切さや意味を知ってもらえるようにウェブサイトで調べました。これから提案をする時に，事例を挙げて分かりやすく話したいと思います。
---

---
A規準（十分満足できる姿）に到達しているノートの記述例
　提案理由となる事実と提案内容となる具体的意見とがはっきりするように文末表現に気を付けて発表できました。これから，何かを提案する時に，結果と考えをつないだり，結果の一番注目してほしいところを取り上げたりして話したいと思います。
---

既習単元（書くこと領域）の学習で
身に付けた力についても振り返り，
話すこと領域でも生かせることに気
付いている。

（高田裕宇）

# 12 資料を活用して考えたことを情報活用宣言にまとめる

ＩＣＴ：GIGA 端末　ロイロノート・スクール　Microsoft Teams・Word
教材名：「想像力のスイッチを入れよう」（光村図書５年）
単元名：５年生から発信します！下京渉成小学校の情報活用宣言を書こう

## 1　単元構想と ICT 活用のポイント

### ▶付けたい力

本単元では，次の指導事項を重点的に指導します。
〔知識及び技能〕「(2)情報の扱い方に関する事項」
　「ア　原因と結果など情報と情報との関係について理解すること。」
〔思考力，判断力，表現力等〕「C 読むこと」
　「ウ　目的に応じて，文章と図表などを結び付けるなどして必要な情報を見付けたり，論の
　進め方について考えたりすること。」
　「オ　文章を読んで理解したことに基づいて，自分の考えをまとめること。」
　特に，情報の活用についての自分の考えを情報活用宣言としてまとめるために，教科書教材
と並行読書資料を結び付けながら必要な情報を集めたり，集めた情報を整理したりする能力の
育成に重点を当てます。

### ▶言語活動の特徴

「資料を活用して考えたことを情報活用宣言にまとめる」言語活動を行います。本単元で取
り上げる情報活用宣言とは，GIGA 端末の導入後，その GIGA 端末を学習の中でどのように扱
っていくのかをまとめた学校のルールのことです。そのためには，教科書教材や関連する資料
を基にメディアとどのように関わっていくのかを考え，ルールを作るために必要な情報を集め
る必要があります。またルールを作るために，筆者がどのように事例を挙げながら論を展開し
ているのかを捉え，集めた情報を整理しなければなりません。目的に応じて，必要な情報を集
めたり，集めた情報を整理したりする能力の育成にふさわしい言語活動です。

### ▶ ICT 活用のポイント

#### ●インターネットを活用し，必要な情報を集める

情報モラルやメディアリテラシーに関する図書資料と並行して，インターネット上の情報も
活用して調べ学習を進めます。実際にインターネット上の情報を活用する場面をつくることで，

「このサイトの情報は正確なのかな？」，「上手く情報が見付からない時は，どうすればいいの？」，「GIGA端末に不具合があった時はどうする？」など具体的な困りを経験できます。実体験を含めたルールを考えることができるようにします。

●集めた情報をMicrosoft Teamsで課題として提出し，学級の友達と共有する

　紙ベースで情報を集約すると，学級全体で集めた情報を共有するために時間がかかり，どのような情報が集まっているのかをすぐに確認をすることができません。そこで，個人の情報活用宣言をMicrosoft Wordで作成し，Teamsで課題提出をするようにします。それを学級の情報活用宣言として集約し，いつでも見られるようにすることで，学級の友達とすぐに情報を共有できるようにします。

●ロイロノートを使って自分にとって必要な交流相手を選ぶ

　情報を集める，集めた情報を整理するなど学習の各場面で，友達と交流しますが，誰が，どんな目的や内容で交流したいと思っているかはなかなか視覚的に捉えにくいものです。そこで，ロイロノートを活用し，どんなことを交流したいと考えているのかを互いに示すようにします。

## 2　学習指導計画

### ▶単元の目標

○原因と結果など，情報と情報との関係について理解しながら，必要な情報を探して文章や関連図書資料を読むことができる。　　　　　　　　　　　　　　　　　　　　　知・技(2)ア

○情報活用宣言にまとめるために，文章と図表などを結び付けるなどして必要な情報を見付けたり，論の進め方について考えたりして，自分の考えを明確にすることができる。　Cウ，オ

○自分の考えを情報活用宣言にまとめるという目的に向けて，粘り強く，必要な情報を集めたり整理したりしようとする。　　　　　　　　　　　　　　　　　　　　　　学びに向かう力等

### ▶単元の評価規準

| 知識・技能 | 思考・判断・表現 | 主体的に学習に取り組む態度 |
|---|---|---|
| ・原因と結果など，情報と情報との関係について理解しながら，必要な情報を探して文章や関連図書資料を読んでいる。　(2)ア | ・情報活用宣言にまとめるために，文章と図表などを結び付けるなどして必要な情報を見付けたり，論の進め方について考えたりしている。　Cウ<br>・集めた情報や論の進め方について考えたことを基に，自分の考えを情報活用宣言にまとめている。　Cオ | ・自分の考えを情報活用宣言にまとめるという目的に向けて，粘り強く必要な情報を集めたり整理したりしようとしている。 |

# **3** 単元の指導計画（全７時間）

| 次 | 時 | 学習活動 | ICT 導入のポイント（◇）と指導上の留意点（・） |
|---|---|---|---|
| 1 | ① | ○最近のニュースや社会科の学習を基に，これからの学習の見通しをもつ。 | ・新聞報道の比較やエイプリルフールの企業広告，ニュースの写真など身近なメディアの情報について話し合ったり，社会科の学習内容を想起したりする。<br><br>・メディアを使う時に気を付けることや知っていること，成功体験や失敗体験を振り返り，今後の学習への見通しをもつことができるようにする。 |
| | ② | ○下京渉成小学校の情報活用宣言の内容やこれから必要な学習を話し合い，学習計画を立てる。 | ◇GIGA 端末の導入について知り，GIGA 端末をこれから学習で使っていく上でのルール作りをすることを確認する。<br>・現在使用している学校のきまりなどを基に，どのような学習が必要かを話し合うようにする。<br><br>・情報活用宣言に必要な項目を挙げ，これから調べ学習を進める際の視点を明確にしておく。 |
| | | 学習課題　下京渉成小学校の情報活用宣言を書こう。 | |
| 2 | ③ | ○情報活用宣言を書くために，「想像力のスイッチを入れよう」を読み，筆者の考えを捉え，自分の考えをはっきりさせる。 | ・情報活用宣言を書くために，教科書教材「想像力のスイッチを入れよう」から情報活用宣言に入れたい内容を見付けたり，これから調べ学習を進めていく際に気を付けたい視点を考えたりする。<br><br>・事例から『まだ分からないよね。』，『事実かな，印象かな。』，『他の見方もないかな。』，『何がかくれているかな。』の４つの視点を見付けることができるようにする。 |

| | | | |
|---|---|---|---|
| | ④ | ○情報活用宣言を書くために，「想像力のスイッチを入れよう」を読み，筆者の考えを捉え，自分の考えを交流する。 | ◇交流の際には，交流相手を選ぶためにロイロノートを活用する。テキストの背景を色分けして提出し回答を共有することで，視覚的に自分がどのような考えをもっているかが分かるようにする。<br><br>・「異なる考えの友達と交流して考えを広げたい」，「同じ意見の友達と交流し，根拠をより確かなものにしたい」など，意図をはっきりさせた交流を通して，自分の考えを明確にすることができるようにする。 |
| | ⑤ | ○情報活用宣言を書くために，必要な資料を集めたり，書きたいことを整理したりする。 | ◇情報活用宣言を書くために，GIGA 端末を活用し，必要な資料を集めたり，見付けたことを Microsoft Word にまとめたりする。資料だけでなく，GIGA 端末を実際に使う中で，気付いたことも集めるようにする。 |
| | ⑥ | ○情報活用宣言を書くために，前時に集めた資料や整理したことを交流する。 | ◇集めた資料や整理した内容を交流するために，Microsoft Teams の課題提出を活用する。学級の情報活用宣言として集約し，いつでも友達が考えたことを見られるようにする。 |
| 3 | ⑦ | ○情報活用宣言を書きまとめ，単元の学習を振り返る。 | ・学級の情報活用宣言を見直し，内容を書き加えたり，重複している内容を削ったりする。<br><br>・単元の学習を振り返り，できるようになったことや自分に付いたと思う力をまとめるようにする。 |

# 4　ICT を活用した指導の工夫

## ❶第２次第４時の指導

### ●主体的に交流相手を選ぶことを可能にする，ロイロノートの活用

　第２次第４時では，子供たちが主体的に交流相手を選ぶことができるように，タブレット学習支援ソフト「ロイロノート」を活用します。「ロイロノート」の課題提出の機能を使い，誰が，どのようなことで交流をしたいと思っているのかを示し，その画面を共有することで，子供たち自身で交流相手を見付けることができるようにします。

### Point

　ここでは，テキストの背景を色分けして提出し回答を共有することで，視覚的に自分がどのような考えをもっているかが分かるようにします。第４時の交流では，情報活用宣言に入れたい内容について交流した場合はピンク色の背景，これから調べ学習を進めていく際に気を付けたい視点について交流した場合は水色，情報を見付けられなくて困っている場合は白色のように，自分が何について交流をしたいと考えているのかを色で分かるようにします。交流を進めていく中で，自分が交流したいと思うことが変化すれば，テキストの背景の色を変えて再提出するようにし，すぐに次の交流を進めることができるようにします。

全員の考えを一覧にする

意図を明確にし，相手を見付けて交流

## ❷第２次第５時の指導

### ●一人一人の調べ学習の時間を確保する GIGA 端末の活用

　第２次第５時では，子供たち一人一人が情報活用宣言の作成に向けて GIGA 端末を活用し調べ学習を進めていきます。情報モラルやメディアリテラシーに関する図書資料と並行して，インターネット上の情報の中から情報活用宣言に入れたい内容を見付け，必要だと思う内容については Microsoft Word にまとめていきます。

### Point

　ここでは，教科書教材「想像力のスイッチを入れよう」で見付けた『まだ分からないよね。』，『事実かな，印象かな。』，『他の見方もないかな。』，『何がかくれているかな。』という視点で調べた情報を見直すようにします。

その際，GIGA端末を活用して調べ学習を進めると，黙々と画面に向かって調べ学習を進めがちになります。そこで，「いいな」や「なるほど」と思う情報を見付けたら近くの友達に声を掛けてもよいように指示をし，インプットよりもアウトプットを意識して学習を進めることができるようにします。また，友達と見付けた情報について交流する際は，紙の資料を使う時と同様に文章や図表を指し示したり，必要に応じて画面を拡大したりするなど，どの情報について話しているのかが分かるようにします。

文章を読み返す過程が不可欠

対面でも交流することを重視

## ❸第2次第6時の指導

### ●協働的な学びを可能にする，Microsoft Teamsの活用

第2次第6時では，第5時に集めた資料や整理した内容を交流するために，Microsoft Teamsの課題提出の機能を活用します。子供たちがMicrosoft Wordに打ち込んで提出した内容を学級の情報活用宣言として集約し，いつでも友達が考えたことを見られるようにします。

**Point**

これまでの学習の中で集めてきた情報を整理し，友達との交流を通して自分の考えを見直すことができるようにします。また，実際に課題提出の機能を使うことで，GIGA端末を家庭に持ち帰った際，どのように課題を提出するのか理解し，その際にどんなことに気を付ければよいのかという視点で，更に情報活用宣言を見直すことができるようにします。

画面上で友達の文章をいつでも参照可能に

繰り返し見直し修正を加えて完成

（本城脩平）

# 13 取材を通して調べた情報を知らせるパンフレットをつくる

ＩＣＴ：タブレット　ロイロノート・スクール　ジャストスマイル「はっぴょう名人」
教材名：「日本文化を発信しよう」（光村図書6年）
単元名：世界遺産をパンフレットで伝えよう

## 1 単元構想とICT活用のポイント

### ▶付けたい力

本単元では，次の指導事項を重点的に指導します。

〔知識及び技能〕「⑵情報の扱い方に関する事項」

「イ　情報と情報との関係付けの仕方，図などによる語句と語句との関係の表し方を理解し使うこと。」

〔思考力，判断力，表現力等〕「B書くこと」

「ア　目的や意図に応じて，感じたことや考えたことなどから書くことを選び，集めた材料を分類したり関係付けたりして，伝えたいことを明確にすること。」

「エ　引用したり，図表やグラフなどを用いたりして，自分の考えが伝わるように書き表し方を工夫すること。」

特に，取材対象の世界遺産について，パンフレットで伝える上で，調べた中からどんな情報を選べばいいのか，そして，その情報を分かりやすく伝えるために，どのような資料を使えばいいのかを考える能力の育成に重点を当てます。

### ▶言語活動の特徴

「修学旅行で訪れる奈良の世界遺産について事前の調べ学習と当日の現地取材に基づいて，パンフレットにまとめる」言語活動を行います。世界遺産の魅力を，事前に調べることで得られる様々な情報や，現地での取材の中から選び出し，限られた紙面の中に書き表す能力を育成するのにふさわしい言語活動です。

### ▶ ICT活用のポイント

●タブレットの写真機能を使って，図版を取り込み，編集会議で提示するとともに，作成ソフト（はっぴょう名人）に取り込む

パンフレットを作成するのは，グループでの共同作業であるため，何度も編集会議を行う必要があります。それぞれが担当したページについて説明する際に，使いたい資料や現地で撮っ

た写真をタブレットで提示することで，編集会議がスムーズに進みます。

●作成ソフト（はっぴょう名人）を使って，パンフレットの紙面を作成する

　数回の編集会議を経て，それぞれの紙面の内容が決まれば，分担したところを書きます。その時に，はっぴょう名人を使って入力します。はっぴょう名人は，写真の取り込みが簡単なだけでなく，文字のサイズや色の変更が容易です。また，パンフレットの小見出しに使いやすいタイトル文字の種類も多数用意されている上，枠や吹き出し・イラストなども簡単に利用でき，子供たちが楽しんでパンフレットを作成することができます。1冊のパンフレットとして統一感を出すために，それぞれが入力した紙面を推敲して直す際もすぐに変更することができ，共同で作り上げるパンフレット作りには最適です。

## 2 学習指導計画

### ▶単元の目標

○パンフレット作成に向けて，対象となる世界遺産の書物を読み，集めた情報を関連付けて，取材内容を考えることができる。　　　　　　　　　　　　　　　　　　　　　　　知・技(2)イ

○修学旅行で訪れた世界遺産の寺社の素晴らしさを伝えるために，書く事柄を収集し，集めた事柄をパンフレットの構成に沿って整理したり，資料の引用や写真や図を用いたりして，伝えたいことが明確になるように書くことができる。　　　　　　　　　　　　　　　　　Bア，エ

○世界遺産の魅力がより伝わるように，粘り強く資料集めや取材活動に取り組み，表現しようとする。　　　　　　　　　　　　　　　　　　　　　　　　　　　　　　　　　学びに向かう力等

### ▶単元の評価規準

| 知識・技能 | 思考・判断・表現 | 主体的に学習に取り組む態度 |
|---|---|---|
| ・世界遺産に関する書物を読み，集めた情報を関連付けて，取材内容を具体的に見付けている。　(2)イ | ・世界遺産の寺社の素晴らしさを伝えるために，書く事柄を収集し，集めた事柄をパンフレットの構成に沿って整理している。　Bア<br><br>・世界遺産の魅力が伝わるように，写真や資料と結び付けて，文章を書いている。　Bエ | ・パンフレットの完成に向けて，見通しを立てて資料集めや取材活動に取り組んだり，よりよいパンフレットになるように，様々な角度から検討を繰り返し，表現を工夫しようとしたりしている。 |

## **3** 単元の指導計画（全15時間＋課外）

| 次 | 時 | 学習活動 | ICT 導入のポイント（◇）と指導上の留意点（・） |
|---|---|---|---|
| 1 | ① | ○駅に置いてあるパンフレットを基に，パンフレットの特徴を見付ける。<br><br>学習課題<br>世界遺産の素晴らしさをパンフレットで伝えよう。 | ・いくつかのパンフレットを比較したり，何がどのように書かれているかを調べたりして，パンフレットの書き方の特徴を分析できるようにする。 |
| | ②<br>③ | ○修学旅行で訪れる世界遺産について，書物やインターネットで調べる。〈一次取材〉 | ◇ロイロノートで，訪れる寺社のホームページを閲覧することで，より詳しい情報を調べることができるとともに，具体的なイメージがもてる。 |
| | ④ | ○編集会議①<br>　パンフレットの構想を練り，取材計画を立てる。 | ◇ロイロノートのカードに記録しておいた情報を，シンキングツールピラミッドチャートを使って整理する。<br>・構想に従い，実際に現地でどこに注目し，何を調べるのか，誰に，どんなことを尋ねるのか，どんな写真を撮るのか，具体的に話し合う。 |
| 2 | 課外 | ○修学旅行で現地での取材を行う。 | ◇タブレットの写真機能を使って，写真の撮影を行う。撮った写真はその場で保存しておくと，パンフレット作成時には，すぐに取り出せるので，子供にとっては，その後の活動が容易になる。 |
| | ⑤ | ○編集会議②<br>　集めた情報や材料を整理し，パンフレットの構成を考え，それぞれのページの内容・担当を決める。 | ・単なる世界遺産の紹介にならないように，実際に行ったからこそ分かる，自分たちが実感したことを大切に，必要な情報や材料を取捨選択させる。<br>◇保存した写真を提示しながら，編集会議を進めるとグループの共通理解を図ることができる。 |
| | ⑥ | ○自分の担当ページの割り付け案を作成し，意見交流する。<br>○見出しとキャッチコピーを考える。 | ・教師が作成したモデル紙面を参考にさせる。 |

| | ⑦ ⑧ | ○下書きをする。 | ・第1時の学習で見付けた, パンフレットに使われている表現の工夫を取り入れるようにする（できるだけ簡単な言葉で相手を引き付ける。自分の実感を伝える）。 |
|---|---|---|---|
| | ⑨ | ○編集会議③<br>　下書きをグループで読み合い, 推敲する。 | ・グループで読み合い, 観点に沿って推敲させる。 |
| | ⑩ ⑪ ⑫ | ○はっぴょう名人を使って, パンフレットを仕上げる。 | ◇はっぴょう名人は, 文字を入力した後の, フォントの変換, 文字の大きさの調整が簡単である上, パンフレットの見出しを書く時に必要なタイトル, 文字や枠組みもたくさん用意されているので, 本物のパンフレットのように仕上げることができる。 |
| | ⑬ | ○編集会議④<br>　仕上げたパンフレットをグループで読み合い, 推敲する。 | ・プリントアウトした紙面を見ながら推敲させる。1冊のパンフレットとしての記述・写真の配分・文字のフォントや大きさなど統一感があるかどうかに着目させる。 |
| | ⑭ | ○推敲した内容に沿って, パンフレットを修正して, パンフレットを完成させる。 | ◇ICTの利用で誤字・脱字の修正だけでなく, 伝えたい内容に応じて写真の大きさ・割り付けの変更などが容易にできる。 |
| 3 | ⑮ | ○パンフレット発表会を行う。 | ◇はっぴょう名人では, それぞれのページをつないで, 大きな画面で1ページずつ表示していき, みんなに見せることもできる。<br>・発表会では, パンフレットの目的に沿った表現ができているか, 世界遺産の素晴らしさが伝わるかを観点に意見交流させる。<br>・紙に印刷したパンフレットは, 図書室におき, 全校児童が手に取れるようにするとともに, 各自が家に持って帰り, 保護者の方にも見てもらうようにする。 |

## **4** ICTを活用した指導の工夫

### ❶第1次第2時，第3時の指導
#### ●事前取材活動を容易に行うことができるロイロノートの活用

　第1次第2時，第3時では，修学旅行で訪れる世界遺産について事前の調べ学習を行います。その際に，タブレット学習支援ソフト「ロイロノート」を使用すると，単に自分で調べるだけでなく，一緒にパンフレットを作る仲間に調べたことを送信することもでき，調べる時間を短縮することができます。また，同じグループで同じ内容を調べたということもなくなります。

**Point**

　「何を調べたいのか」という目的を明確にもたせておくことが必要です。検索ワードを入れて，ネットサーフィンのように，多くのサイトに当たる子供もいますが，結局，集めた情報につながりがなかったということもあります。例えば，東大寺であれば，大仏について調べたいのか，建築物について調べたいのか，歴史を知りたいのかなどを決めておくとよいでしょう。

### ❷第2次第10時，第11時，第12時の指導
#### ●操作が簡単でパンフレット作りに適したソフト「はっぴょう名人」の活用

　第2次第10時，第11時，第12時では，完成した下書きをパンフレット仕様に仕上げます。ジャストスマイル「はっぴょう名人」は，小学生向けのプレゼンテーションソフトです。この「はっぴょう名人」は，操作が簡単であることが大きな特徴です。その他にも，①台紙のデザイン・イラストの種類が多様，②タイトル文字の作成が簡単，③写真の取り込みや加工ができる，④写真の枠飾りや型抜き・文字枠の枠飾り・吹き出しを付けることができるなど，パンフレットを仕上げる上での便利な機能がたくさんついています。プレゼンテーションに使用しなくても，それぞれのページを印刷することで，そのまま何部でもパンフレットを作成することができます。

　パンフレットは，グループで担当ページを分担して作るのですが，1冊のパンフレットとしての統一感が必要です。編集会議で修正する際にも，この「はっぴょう名人」は文字の枠を変えれば，自動的に大きさが変わり，枠飾りも新しく選んだものをクリックすれば，簡単に入れ替えることができるので，子供たちの負担がありません。

**Point**

　「はっぴょう名人」には，パンフレットを魅力的に仕上げるたくさんのツールがあり，簡単に使えることは利点ですが，簡単がゆえに，子供は過剰に飾り文字や台紙の色を使う傾向にあります。あくまでパンフレットとして，見る人にとって分かりやすいのかということを常に考えさせながら，適切に使うように働きかけることが必要です。

【子供の作品例】

　本単元では，ジャストスマイルのはっぴょう名人の様々な機能を使って，下のような見やすいパンフレットを作ることができました。

枠飾り
画面①で作成できます。

タイトル文字
画面②で作成できます。

写真やイラストの取り込み
画面③で作成できます。

画面①

画面②

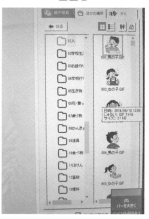

画面③

奈良の観光地といえば東大寺。外国の方も多く集まっています。古き都で歴史感じる木造建築東大寺と中にひそむ大仏の歴史を教えます。

### 世界最大級　東大寺！

　奈良時代の代表的な寺。大仏殿は、世界最大級の木造建築物。天平勝宝3年盧舎那大仏を安置する寺としてできました。歴代天皇の保護を受け栄えました。しかし、治承4年（1180年）に平重ひら　の軍勢によりやかれてしまいました。重源上人によって再興されました。

### 見上げる　大仏！

　聖武天皇が仏教の力によって国じゅうが幸せになることを願い大仏づくりははじまりました。大仏の顔は少し笑って目をとじて何かを願っているような感じです。左の写真のよう、人と比べると15倍も大きいです。

### 長い歴史をもっている

　大仏はとてもみんなから親しまれていましたが、250トンという重さにたえれず首がおちて悪いことが起きるとビビット人が見に来なくなってしまいました。107回の地震と金属が弱くなっていたのでぼろぼろになって落ちたみたいです。そして、東大寺もつぶれ少しずつ大仏と共にサイズが小さくなっています。

### くぐるとかしこくなる・・・？

　大仏の鼻の穴をくぐることが出来る柱があります。それをくぐると頭が良くなることができると全員がくぐりました。鼻にしてはとても大きく子供の手3個分の大きさです。

完成したパンフレット

（松崎憂子）

# 14　日本文化を PR する資料を作成する

ＩＣＴ：タブレット端末　Microsoft PowerPoint
教材名：「『鳥獣戯画』を読む」／「日本文化を発信しよう」（光村図書６年）
単元名：日本文化の良さを地域の留学生に伝えよう

## 1　単元構想と ICT 活用のポイント

### ▶付けたい力

　木単元では，次の指導事項を重点的に指導します。

〔知識及び技能〕「⑴言葉の特徴や使い方に関する事項」

　「ク　比喩や反復などの表現の工夫に気付くこと。」

〔思考力，判断力，表現力等〕

　「B書くこと」

　「ウ　目的や意図に応じて簡単に書いたり詳しく書いたりするとともに，事実と感想，意見とを区別して書いたりするなど，自分の考えが伝わるように書き表し方を工夫すること。」

　「エ　引用したり，図表やグラフなどを用いたりして，自分の考えが伝わるように書き表し方を工夫すること。」

　「C読むこと」

　「ウ　目的に応じて，文章と図表などを結び付けるなどして必要な情報を見付けたり，論の進め方について考えたりすること。」

　この単元は，「読むこと」と「書くこと」の複合単元です。「『鳥獣戯画』を読む」では，自分の考えを伝えるための工夫を見付ける能力の育成に重点を当てます。「日本文化を発信しよう」では，「『鳥獣戯画』を読む」で見付けた工夫を活用する能力の育成に重点を置きます。

### ▶言語活動の特徴

　「『日本文化 PR 大作戦』のパワーポイントを作成して，地域の留学生に紹介する」言語活動を行います。パワーポイントのスライドにまとめるためには，伝えたいことの中心を明確にし，言葉を厳選する必要があります。また，目的や相手に応じた図表や写真，グラフを選び，スライド全体の構成を意識しながら表現する力も必要です。自分の考えがより相手に伝わるよう，書き表し方を工夫する能力を育成するのにふさわしい言語活動です。

### ▶ICT 活用のポイント

●タブレット端末の写真機能を使って図版を取り込み，大きく提示する

　「『鳥獣戯画』を読む」を学習する際，個々のタブレットや教室前面のスクリーンに挿絵を大きく映し出すことで，絵の細かい部分に注目することができます。注目する部分を学級全体で共有することで，文章と絵を照応しながら読んで見付けた情報を共有することができます。

●プレゼンテーションソフト（Microsoft PowerPoint）を使い，スライドショーを作成する

　プレゼンテーションソフトを使ってスライドを作成することで，図表と言葉を結び付けた効果的な表現の工夫を考える力を伸ばします。また，スライドの枚数を制限することで，内容を厳選する必要性が生まれ，言葉や情報を精査する力を育成することもできます。

● Web 会議ツール（Microsoft Teams）を活用し，グループで共同作業を行う

　1人1台端末で同時に一つのファイルを見ながら対話することで，他者の視点を積極的に取り入れることができます。協議しながらお互いの作品に修正を加えることもでき，グループ全体でよりよいプレゼンテーションにしていくことが可能となります。

## 2　学習指導計画

### ▶単元の目標

○比喩や反復などの表現の工夫を見付けながら文章を読むことができる。　　　　　知・技(1)ク

○目的に応じて，事実と感想，意見を区別したり，情報を引用したり，図表やグラフなどを用いたりして，自分の考えが伝わるように書き表し方を工夫することができる。　　　　Bウ，エ

○目的に応じて必要な情報を見付けたり，論の進め方について考えたりすることができる。Cウ

○日本文化を発信するために，本やインターネットで調べた情報から，自分の思いや考えを文章にして進んで伝えようとしている。　　　　　　　　　　　　　　　　学びに向かう力等

### ▶単元の評価規準

| 知識・技能 | 思考・判断・表現 | | 主体的に学習に取り組む態度 |
|---|---|---|---|
| ・比喩や反復などの表現の工夫を見付けながら読んでいる。(1)ク | 「書くこと」<br>・自分の考えが相手に伝わるように，事実と感想，意見とを区別して文章を書いている。　　　Bウ<br>・自分の考えが伝わるように，引用したり図表と結び付けたりして文章の書き表し方を工夫している。　　　Bエ | 「読むこと」<br>・論の展開，表現の工夫，文章と図表の結び付け方など，自分の考えを伝えるための工夫を見付けている。　Cウ | ・日本文化を発信することに向けて，積極的に言葉の使い方の工夫を見付けたり書き表し方を工夫したりするとともに，見通しをもってプレゼンテーションの原稿を書こうとしている。 |

# 3　単元の指導計画（全11時間）

| 次 | 時 | 学習活動 | ICT導入のポイント（◇）と指導上の留意点（・） |
|---|---|---|---|
| 1 | ① | ○教師の作った「日本文化PR大作戦」のパワーポイントを見て，学習の見通しをもつ。<br><br>めあて　日本文化の良さを地域の留学生に伝えよう。<br><br>○学校司書による日本文化の本のブックトークを聞き，並行読書を始める。 | ◇教科横断的な視点を意識し，社会科で学んだ日本文化を思い出すために，写真を拡大掲示する。<br><br>・地域にどんな留学生がいるかを紹介し，相手意識と目的意識を高める。 |
| 2 | ② | ○教材文「『鳥獣戯画』を読む」を筆者の着眼点に注目しながら，絵と文を照らし合わせて読む。 | ◇「鳥獣戯画」の絵をスクリーンに大きく映し出す。注目させたい部分を拡大するなどして共有し，絵と文を照らし合わせる。 |
| | ③ | ○教材文，並行読書材等から事物を評価する文章や言葉を見付け，プレゼンテーションに活用できるよう，ノートにまとめる。 | ・評価する言葉や文末表現を知識として得られるよう，並行読書材だけでなく，百科事典，国語辞典，類語辞典，観光パンフレット等を用意する。 |
| | ④ | ○論の展開・表現の工夫・絵の表し方という視点で，教材文の筆者（高畑勲氏）の工夫を見付ける。 | ・筆者の様々な工夫は，自分の考えを読者により分かりやすく伝えるためのものであるという点に気付かせる。 |
| 3 | ⑤ | ○グループで構想を練り，それぞれが担当するテーマを決めて，必要な資料を集める。<br><br>（グループの例「和食」）<br><br>和食グループ<br>Aさん　Bさん　Cさん　Dさん<br>行事と和食　和食の美しさ　和食の栄養　郷土料理<br>こどもの日　彩り豊か　栄養バランス　地域の食材 | ・並行読書を進めてきた日本文化の中から，興味のあるテーマを選ばせてグループを作っておく。<br><br>（スライドの構成例）<br><br>| 担当 | 内容 | スライド数 |<br>|---|---|---|<br>| 全員 | 表紙・目次 | 1枚 |<br>| Aさん | 行事と和食 | 4枚 |<br>| Bさん | 和食の美しさ | 4枚 |<br>| Cさん | 和食の栄養 | 4枚 |<br>| Dさん | 郷土料理 | 4枚 |<br>| 全員 | 参考文献等 | 1枚 |<br><br>・一人４枚，グループ全体で計18枚のスライドにすることを確認する。 |

| ⑥ ⑦ | ○集めた資料を基に，発表原稿を作成する。 | ・「スライドのイメージ図」，「原稿」を記入できるようなワークシートを用意する。（※次ページ参照）<br>・第2次第3時で学習した表現の工夫を活用できるよう簡単に振り返りの時間をもつ。 |
|---|---|---|
| ⑧ ⑨ | ○原稿を基にプレゼンテーションスライドを作成する。 | ◇パワーポイントのスライドを作る際には，伝えたいことの中心を明確にし，図表や写真を用いるとともに，言葉を厳選するよう伝える。 |
| ⑩ | ○各自が作ったプレゼンテーションスライドを，グループで読み合い，推敲する。 | ◇Microsoft Teams の共同編集機能を活用し，スライドをよりよくするための案を相互に出し合わせる。 |
| ⑪ | ○地域の留学生に向けて，発表会を行う。 | ◇留学生を学校にお招きして対面で発表できることが望ましいが，場合によってはZoom で中継することも考えられる。 |

## 4 ICT を活用した指導の工夫

### ❶第3次第8時，第9時の指導

### ●図表や写真の活用と表現の工夫を意識したプレゼンテーションスライド作り

　第3次第8時，第9時では，自分が興味をもった日本文化について調べたことをまとめた原稿を基に，プレゼンテーションのスライドを作成します。発表する相手は地域の留学生です。日本語の習得が十分でない彼らでも，短い言葉や，絵や写真で示される情報は理解しやすいと考えられます。また，子供は限られたスライドで発表するために，集めた資料を取捨選択し，情報を精査する力が必要となってきます。簡単に書くところと詳しく書くところを分けたり，事実と意見を区別して書いたりすることを通して，相手に伝わる表現力の育成をねらいます。

**Point**

　本単元では「B書くこと」のウ，エを指導のねらいとしていることから，プレゼンテーションに向けた原稿は，発表メモではなく，解説文として書く形式にしています。（次ページ参照）パワーポイントのスライドは，つい枚数を多くしがちになりますが，一つの小テーマに入れるスライドを絞り込んでいくことで，解説文に書く必要のある情報を精選することが可能になります。また解説文を書くことで，提示すべきスライドの写真等も意図を明確にして選べるよう

1・2年

3・4年

5・6年

になります。ICTの修正が容易だという長所を生かして，行ったり来たりの学習過程にしていくことが指導のコツです。

【解説文とスライドのモデル】　※解説文の網掛け部分は，表現の工夫

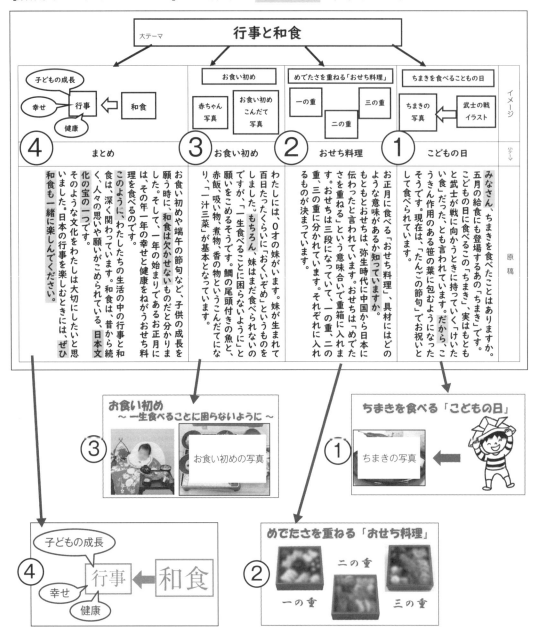

## ❷第３次第10時の指導
### ●１人１台端末を利用した交流及び共同編集可能な Microsoft Teams の活用

第３次第10時では，各自で作ったパワーポイントのスライドをよりよくするために，グループで交流する時間を設けます。Microsoft Teams にテーマごとのチームを作成し，ファイルの中に各自が作ったスライドを保存します。そうすることで，１人１台端末を用いて同時にファイルを開くことができ，それぞれの端末でスライドを見ながら対話をしたり，同時に編集をしたりすることが可能となります。

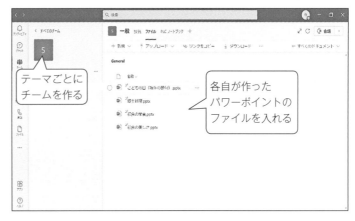

**Point**

ここでは，「パワーポイントのスライドをよりよくする」という目的のために交流をします。誤字脱字などの推敲はもちろんのこと，相手に伝わるかどうかという視点でお互いのスライドを見返し，グループとしてのプレゼンテーションの質を高めます。

Microsoft Teams の共同編集機能を利用し，お互いに同じ画面を見ながら対話や作業をすることで，推敲を効率よく進めることができます。また，言葉の使い方や見出しの付け方など，表現方法の工夫や図表の示し方についてもアドバイスをし合い，自分にはない他者の視点を取り入れることも大切にさせます。

【Microsoft Teams の共同編集画面】

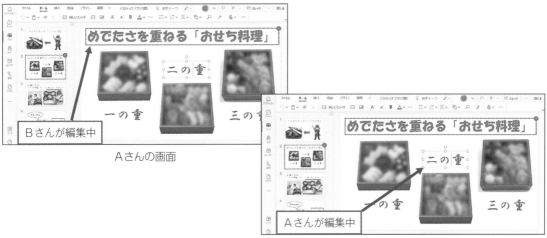

（寺原早智）

# 15 読書交流会を通して自分の考えを深める

ＩＣＴ：Chromebook　Google Jamboad・Classroom・スライド
教材名：「海の命」（光村図書６年）
単元名：人物の生き方について考えたことを交流しよう

## 1 単元構想と ICT 活用のポイント

### ▶付けたい力

本単元では，次の指導事項を重点的に指導します。

〔知識及び技能〕「(1)言葉の特徴や使い方に関する事項」

「オ　思考に関わる語句の量を増し，話や文章の中で使うとともに，語句と語句との関係，語句の構成や変化について理解し，語彙を豊かにすること。また，語感や言葉の使い方に対する感覚を意識して，語や語句を使うこと。」

〔思考力，判断力，表現力等〕「Ｃ読むこと」

「エ　人物像や物語などの全体像を具体的に想像したり，表現の効果を考えたりすること。」

「オ　文章を読んで理解したことに基づいて，自分の考えをまとめること。」

特に，シリーズ作品を読んで自分の心に強く響いてきた登場人物の生き方について，自分の経験と重ねながら考えをまとめることができる能力の育成に重点を当てます。その際，「海の命」のみならず立松和平作の他の命シリーズにも触れさせることで，作品をより多面的に捉えさせ，人物の生き方の見方・考え方について自分の考えをまとめることができるようにします。

### ▶言語活動の特徴

読書交流会を通して，登場人物や自分自身の生き方について考えを確かなものにする言語活動を行います。通常は指導事項カ（共有）をねらう言語活動ですが，本事例では指導事項オ（考えの形成）に重点を置きます。そこで読書交流会の目的は，学習課題に対する考えをもつこと，友達と交流し，自分の考えをより確かなものにすることとします。具体的には，「叙述に対する疑問を課題として話し合い，解決していく活動」，「登場人物の生き方について話し合い，自分の考えをもつ活動」，「登場人物の生き方について考えを深める話し合い活動」を行うことで，「精査・解釈する力」や「自分の考えを形成する力」を育成することができます。

### ▶ ICT 活用のポイント

● Google Jamboad を利用して学習課題を設定する

教師が準備した短冊に子供が疑問や深めたいことを書き，それを子供とやり取りしながらカテゴライズして学習課題を設定していく導入をする先生方も多いと思います。Google Jamboad を利用することで，PC上でそれらのことが全て可能になります。

## ● Google Classroom を利用して全文シートを配付する

交流をする際，子供は叙述を根拠に話し合いをします。その時に使うのが文章全体を1枚にまとめた全文シートです。その全文シートを電子化し，Google Classroom を利用して子供一人一人に配付したり，皆で共有しながら書き込みをしたりできるようになります。

## ● Google スライドを利用して交流する

自分の考えが書かれたノートを持って交流する代わりに，Google スライドを利用し，そこに学級全員の考えが載ったワークシートを準備すれば，発表にも用いることができ，またそこに自由に書き込み等もでき，交流の幅を広げることができます。

# 2 学習指導計画

## ▶単元の目標

○語句と語句の関係，語感や言葉の使い方に対する感覚を意識して，語や語句を使うことができる。　　　　　　　　　　　　　　　　　　　　　　　　　　　　　　　知・技(1)オ

○人物像や物語などの全体像を具体的に想像したり，表現の効果を考えたりすることができる。
　　　　　　　　　　　　　　　　　　　　　　　　　　　　　　　　　　　　　　Cエ

○文章を読んで理解したことに基づいて，自分の考えをまとめることができる。　　　Cオ

○言葉のもつよさを感じるとともに，疑問や課題を解決しよう意欲をもちながら，思いや考えを伝え合おうとしている。　　　　　　　　　　　　　　　　　　　学びに向かう力等

## ▶単元の評価規準

| 知識・技能 | 思考・判断・表現 | 主体的に学習に取り組む態度 |
|---|---|---|
| ・語感や言葉の使い方に対する感覚を意識して，人物の生き方や物語を象徴するような言葉を見付けて読んでいる。　　(1)オ | ・登場人物の複数の叙述を結び付けたり，物語を象徴する言葉などに着目したりしながら人物像や物語の全体像を具体的に想像している。　Cエ<br>・登場人物の生き方について，シリーズ作品と重ねたり，交流での共通点や相違点を見付けたりしながら自分の考えをまとめている。　　Cオ | ・登場人物の生き方についての疑問を解き明かしたり，課題を解決したりしようという意欲をもち，自分の考えをまとめたりして，「読書交流会」で考えを広げようとしている。 |

# **3** 単元の指導計画（全9時間）

| 次 | 時 | 学習活動 | ICT 導入のポイント（◇）と指導上の留意点（・） |
|---|---|---|---|
| 1 | ① | ○命シリーズのブックトークを聞き単元の見通しをもつ。<br>○「海の命」を読み，初読しての感想を書く。 | ・様々な人物の生き方や考え方を読み，自分の生き方について考える学習であることに気付かせる。<br>・心に残った登場人物の生き方や考え方，疑問に思ったことを書かせる。 |
|  | ② | 学習計画を立てる。<br><br>学習課題<br>人物の生き方について考えたことを交流しよう。 | ◇子供の疑問やみんなで話し合いたいことを Google Jamboad で付箋に書き込ませ，それをペアやグループ，全体で操作しながら学習課題を設定していく。<br>・グループでまとめたものを全体で共有し，カテゴライズしながら学習計画を順序よくまとめていく。 |
| 2 | ③ | ○「街のいのち」を読んで自分の課題をもつ。<br>①読書交流会で話し合いたいことを考える。<br>②全文シートに自分の考えや疑問を書き込む。 | ◇Google Classroom を利用し，全文シートを各自の PC に配付する。そうすることで紙を準備することなく，PC 上で各自が操作できるようになる。それを回収することで一人一人の考えを把握することができる。<br>・一人では解決できない疑問や，考えをもっているがもっと深めたいと思っていることなどを「課題」として挙げさせる。 |
|  | ④ | ○「街のいのち」の読書交流会を通して自分の考えを広げる。<br>・疑問や感想について話し合う。 | ◇Google Classroom を利用し，全文シートに交流しながら同時に書き込んでいく。前時で利用した全文シートを送信し合ったり，1枚の全文シートをグループ全員で同時に見たり，書き込んだりでき，交流の幅を広げることができる。また，それを取り上げて，一斉指導や振り返りにもつなげることができる。<br>・感想や疑問について話し合い，人物の生き方や考え方について自分なりの考えをもつ。 |
|  | ⑤ | ○「海の命」を読んで自分の課題をもつ。（一人読み）<br>①読書交流会で話し合いたいことを考える。<br>②付箋紙に書く。 | ◇Google Classroom を利用し，全文シートを各自の PC に配付する。そこに書き込みをしていき，自分の課題をもたせる。<br>・一人では解決できない疑問や，考えをもっているがもっと深めたいことなどを「課題」として挙げさせる。 |

| | | | |
|---|---|---|---|
| | ⑥ | ○「海の命」の読書交流会の準備をする。<br>①読書交流会で話し合いたい課題を出し合い，整理する。（グループワークシート）<br>②読書交流会で話し合う課題を選ぶ。 | ◇Google Classroom を利用し，前時に用いた全文シートをグループと共有しながら交流会の準備をさせる。<br>・すぐに解決できるものはその場で話し合って解決する。<br>・グループで話し合わないと分からないものなど，課題を選ぶ視点を示す。 |
| | ⑦ | ○「海の命」の読書交流会を通して，自分の考えを広げる。<br>①グループの課題について話し合う。<br>②全体で交流する。 | ◇Google Classroom を利用し，交流しながら全文シートに同時に書き込んでいく。前時で利用した全文シートを送信し合ったり，１枚の全文シートをグループ全員で同時に見たり，書き込んだりでき，交流の幅を広げることができる。また，それを取り上げて，一斉指導や振り返りにもつなげることができる。<br>・互いの考えの違いに着目しながら，叙述を基に共通点や相違点について話し合わせる。<br>・交流会を通して考えが深まったことや「海の命」から受け取ったメッセージについて自分の考えたことをまとめさせる。 |
| 3 | ⑧ | ○「人物の生き方」について考えをまとめる。 | ◇Google スライドを利用する。教師が用意したシートに自分の考えを書かせる。<br>・「海の命」だけでなく，その他のシリーズや同一テーマの作品に出てくる人物の生き方について考えをまとめてもよいこととする。 |
| | ⑨ | ○お互いの考えを交流する。<br>○単元の振り返りをする。 | ◇Google スライドを利用する。前時に書いた自分のシートを相手の PC 上で示しながら交流させる。交流を通して，PC 上に書き込ませていく。<br>・自分の考えを広げるために，互いの意見や感想の違いを明らかにしたり，よさを認め合ったりすることを大切にさせる。 |

# 4　ICT を活用した指導の工夫

## ❶第１次第２時の指導
### ●学習課題を自分たちで整理し，まとめやすくする Google Jamboad の活用

　本文を初読した後，何を学びたいか，どんな学習にしていきたいかなどの視点で各自が出した学習課題を PC 上で整理し，まとめさせるために Google Jamboad を使用します。各自が出した考えを黒板に書き込みながら整理する作業が PC 上で全てでき，しかも付箋の操作や書き込みをグループや学級全員で共有しながら同時に進められるため，より一人一人の考えや思いを大事にすることができます。

### Point

　本単元でのゴールのイメージが明確になるよう，学習計画は子供自身の力で立てさせることが大事になりますが，教師の意図している方向へ向かない場合もあります。そこで子供が話し合いをしている間，机間指導に加えて，教師用 PC から各グル

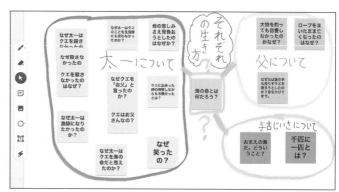

ープの Google Jamboad を把握するようにします。そこから一斉指導につなげることで本単元のゴールである作者のメッセージを受け止め，「命」についての自分の考えをまとめることへとつなげます。

## ❷第２次第３時～第７時の指導
### ●全文シートを用いて協働的な学びを可能にする Google Classroom の活用

　第２次第３～７時は「街のいのち」と「海の命」の読書交流会を通して，自分の考えを広げたり深めたりします。その時に子供の意見や考えの根拠となるのが叙述であり本文です。その本文を教科書を使うのではなく，１枚の紙に縮小したものを PDF 化し，Google Classroom を利用して全員に配付します。これで教師は印刷する手間が省けるだけでなく，子供は PC 上で線を引いたり，書き込みをしたりすることが可能になります。また，それを子供同士が送受信できたり，一人の全文シートに他の子供が一斉に書き込みができたりもできます。そうすることで，交流の効果を高めることにつながります。

**Point**

Google Classroom を使うと，教室でプリントを配付，回収していた作業が全てネット上でできるようになります。また，教師が配付した一つのシートに共同で同時に書き込みをすることもできます。自分の机上でみんなで作業したり，交流したりできる利点はあります。しかし，本単元でのねらいは，相手の考えの共通点や相違点を明確にしながら聞くことにより，自分の考えをまとめることができるようにすることです。この Google Classroom はあくまでツールであり，一番は対面での会話による交流を大事にすることがポイントです。また，何を PC 上に書き込み，何をノートに書くのか，教師がねらいに基づいて明確に区別し，指導と評価に生かすことも重要なポイントです。

## ❸第３次第８時，第９時の指導
### ●協働的な学びを可能にする Google スライドの活用

第３次では，これまでの交流会を通して深まった人物の生き方についての考えをまとめ，交流していきます。その際に Google スライドを利用します。「Google スライド」とは Windows でいうパワーポイントのことですが，Google スライドの方が共同で見られる，操作できるという点では交流の効果を高めることができると考えます。教師が準備した Google スライドのシートを子供の人数分準備し，そのシートを Google Classroom を使って子供に配付します。そのシートに子供が直接書き込み，回収することで，教師は一人一人の考えを把握することができます。また同時に，子供の発表や交流にも使用することができます。

**Point**

全員の考えが自分の机上で見られるため，短時間でより多くの子供の考えに触れさせることができます。それだけで終わるのではなく，シートを見てもっと聞きたい，話し合いたいと思った子供のところへ行き，交流するといった子供の思考や意欲に沿った学びの流れを生み出すこともできます。

（岡崎裕介）

**【執筆者紹介】** （執筆順）

| | |
|---|---|
| 水戸部修治 | 京都女子大学教授 |
| 鍜治本武宏 | 大阪府枚方市立招提小学校 |
| 石田真喜子 | 石川県金沢市立十一屋小学校 |
| 大村　幸子 | 東京学芸大学附属小金井小学校 |
| 岡本　奈奈 | 京都府京都市立岩倉北小学校 |
| 高原　純恵 | 兵庫県神戸市立稗田小学校 |
| 鈴木　美紀 | 石川県金沢市立十一屋小学校 |
| 松尾健太郎 | 兵庫県尼崎市立立花西小学校 |
| 小川　辰巳 | 京都府京都市立御所南小学校 |
| 彦島　康美 | 埼玉県所沢市立美原小学校 |
| 森　あかね | 大阪府茨木市立春日小学校 |
| 高田　裕宇 | 京都府京都市立向島秀蓮小中学校 |
| 本城　脩平 | 京都府京都市立下京渉成小学校 |
| 松崎　憂子 | 兵庫県尼崎市立立花西小学校 |
| 寺原　早智 | 兵庫県神戸市立成徳小学校 |
| 岡崎　裕介 | 沖縄県那覇市立大道小学校 |

2301

教育

返期2023年 1月31日

しゅうじ）

主事，山形大学地域教育文化学部准
初等中等教育局教育課程課教科調査
課程研究センター総括研究官・教
平成29年4月より現職。専門は国
版『小学校学習指導要領解説国語
，『教材研究から学習指導案まで
研究授業パーフェクトガイド』，
国語の授業づくり』，『平成29年版
国語編』，『単元を貫く言語活動
国語科授業&評価パーフェクトガ
でわかる！小学校国語科　言語
巻）』（明治図書）などがある。

小学校国語科
ICT&1人1台端末を活用した言語活動パ

明治図書出版

水戸部　修治　編著

8308

本体　　2,200

C3037

常備

株式会社トーハン

小学校国語科　ICT&1人1台端末を活用した
言語活動パーフェクトガイド

2021年9月初版第1刷刊　©編著者　水戸部　修治
発行者　藤原　光政
発行所　明治図書出版株式会社
http://www.meijitosho.co.jp
（企画）木山麻衣子（校正）有海有理
〒114-0023　東京都北区滝野川7-46-1
振替00160-5-151318　電話03(5907)6702
ご注文窓口　電話03(5907)6668
＊検印省略　　　組版所　株式会社アイデスク

本書の無断コピーは，著作権・出版権にふれます。ご注意ください。

Printed in Japan　ISBN978-4-18-072515-1
もれなくクーポンがもらえる！読者アンケートはこちらから

# 好評発売中！

## 準備から当日まで…質の高い研究授業づくりをフルサポート！

### 教材研究から学習指導案まで丸ごと分かる！
### 小学校国語科
### 研究授業パーフェクトガイド

水戸部修治編著／図書番号 3084／B5 判 128 頁／定価 2,310 円（10％税込）

　教材研究・教材開発などの授業構想や学習指導案作成の基礎・基本、緻密で周到な準備の進め方、研究授業の見方・分析の仕方、指導・助言のポイント、研究主任の役割や校内研究の進め方、授業構想のプロセスなどを示した研究授業事例まで国語科の研究授業のすべてを収録！

## 新しい3観点の評価事例から指導要録・所見文例まで完全収録！

### 評価規準作成から所見文例まで丸ごと分かる！
### 小学校国語
### 新3観点の指導と評価
### パーフェクトガイド

水戸部修治編著／図書番号 3459／B5 判 136 頁／定価 2,530 円（10％税込）

　3観点の学習評価の考え方や評価規準作成のポイントから、言語活動例ごとの評価規準設定例、A・Bの状況やCの支援の具体を示した低・中・高学年別3領域＋複合単元の 12 の評価事例、6学年の指導要録・通知表所見文例まで新しい国語授業と評価のすべてが分かる！

## 新学習指導要領国語の授業づくりと評価をフルサポート！

### 新学習指導要領＆3観点評価対応！
### 小学校国語科
### 質の高い言語活動パーフェクトガイド
### 1・2年／3・4年／5・6年

水戸部修治編著／図書番号 2991・2992・2993／B5 判 136 頁／定価 2,530 円（10％税込）

　主体的・対話的で深い学びを実現する質の高い言語活動を位置付けた授業づくりのポイント解説とともに3観点評価対応の学年・領域別の最新 12 事例を紹介。再ユニット化マトリックスや単元計画シートも完全収録した新学習指導要領が目指す授業改善にすぐ役立つ1冊！

---

明治図書　携帯・スマートフォンからは **明治図書 ONLINE へ**　書籍の検索、注文ができます。　▶▶▶

http://www.meijitosho.co.jp　＊併記4桁の図書番号（英数字）でHP、携帯での検索・注文が簡単に行えます。

〒114-0023　東京都北区滝野川 7-46-1　ご注文窓口　TEL (03)5907-6668　FAX (050)3156-2790